DAS MAYA DECK

DR. RONALD L. BONEWITZ

MIT ILLUSTRATIONEN VON ACHIM FREDERIC KIEL

Lüchow

Hinweis: Die Informationen in diesem Buch sind sorgfältig und nach bestem Wissen recherchiert. Eine Garantie kann von Autor und Verlag dennoch nicht übernommen werden; eine Haftung für Personen-, Sach- und Vermögensschäden ist ausgeschlossen. In medizinischen Fragen ist der Rat Ihres Arztes oder Heilpraktikers maßgebend.

Bibliografische Informationen der Deutschen Bibliothek
Die Deutsche Bibliothek verzeichnet diese Publikation in der Deutschen Nationalbibliografie; detaillierte bibliografische Daten sind im Internet über http://dnb.ddb.de abrufbar.

Text Copyright © Ronald L. Bonewitz 2000
Illustrationen Copyright © Achim Frederic Kiel 2000
Originalausgabe © Eddison Sadd Editions 2005
Originaltitel: „The Maya Deck"
© der deutschen Ausgabe 2008 Lüchow Verlag
in der Verlag Kreuz GmbH
Postfach 80 06 69, 70506 Stuttgart

www.luechow-verlag.de

Alle Rechte vorbehalten
Umschlaggestaltung: ReclameBüro, München

Umschlagbild: Achim Frederic Kiel
Übersetzung aus dem Englischen: Helmut Roß (für Lesezeichen Verlagsdienste)
Redaktion und Satz der deutschen Ausgabe: Lesezeichen Verlagsdienste, Köln
Printed in China

ISBN 978-3-7831-9014-4

INHALT

EINLEITUNG	4
DAS WISSEN DER MAYA	7
WIE MAN DIE KARTEN LIEST	13
DIE BEDEUTUNG DER KARTEN	32
DIE ALTEN GÖTTER	34
ASTRONOMISCHE KARTEN	46
KARTEN MIT HEILIGEN TIEREN	50
KARTEN MIT HEILIGEN FORMEN	54
TAGES- ODER ZAHLENKARTEN	59
DER AUTOR	79
DER ILLUSTRATOR	80

EINLEITUNG

Im Südwesten der USA aufgewachsen, war ich seit jeher von den altindianischen Kulturen fasziniert. Bald interessierte ich mich auch für die mesoamerikanischen Kulturen weiter südlich in Mexiko und Mittelamerika. Bereits als Jugendlicher hatte ich viel über die Azteken, Inka und natürlich auch die Maya gelesen. Mein Vater hatte von einem seiner Lehrer, der in den 1920er-Jahren Ausgrabungen in Mexiko leitete, einige aztekische Artefakte erhalten. Als ich sie unerwartet geschenkt bekam, war dies einer der aufregendsten Momente in meinem Leben.

Während meines Geologiestudiums war ich bei einigen Ausgrabungen im Südwesten der USA als Berater tätig. Obwohl ich mein Zweitstudium der Archäologie leider nicht abschließen konnte, blieb mein Interesse an diesem Fach unvermindert bestehen.

Als Berufspilot gelangte ich später häufig auf die Halbinsel Yucatán. Dort konnte ich zahlreiche Stätten der Maya besuchen. In Chichén Itzá blickte ich in den abweisenden Cenote (ein Schluckloch, das als Eingang zur Unterwelt gilt). Ganz oben auf den Pyramiden stehend, erwartete ich den Sonnenaufgang und überflog Orte, die mir vom Boden aus unzugänglich waren.

Auf der heiligen und damals noch friedlichen Insel Cozumel schloss ich Freundschaften mit heutigen Maya. Gemeinsam erkundeten wir einige Maya-Ruinen, die den Archäologen damals noch völlig unbekannt waren.

Als Doktor der Verhaltensforschung widmete ich mich dann der Persönlichkeitsentwicklung und spirituellen Lehre. Hierbei kam ich mit zahlreichen Formen der Weissagung in Kontakt, am Rande auch mit Prophezeiungen und dem Werk des berühmten Mediums und modernen Propheten Edgar Cayce. In der Cayce Library (Virginia Beach, Virginia) waren zu meiner Freude alle meine bisher veröffentlichten Bücher vertreten.

Dieses Orakel ist folglich eine Synthese der zahlreichen Wendungen, die mein Leben genommen hat. Es ist so konzipiert, dass es das Beste und Wertvollste meiner eigenen Erfahrungen zum Ausdruck bringt. Ich hoffe, dass diese auch für Sie von Nutzen sind.

EINE KURZE CHRONIK DER MAYA

Die Maya-Kultur erstreckte sich auf Mesoamerika, mithin auf das Hochland und Tiefland von Yucatán, Belize, Guatemala und Honduras. Weiter nördlich in Mexiko tauchte um 2000 v. Chr. die mysteriöse Olmeken-Kultur praktisch aus dem Nichts auf. Ihre fortgeschrittenen mathematischen Kenntnisse und ihr Kalender wurden von den Maya aufgegriffen und sollten überall in Mesoamerika zum Standard werden.

Doch erst um 250 v. Chr. hielten unter olmekischem Einfluss Ackerbau und größere Siedlungen bei den Maya Einzug. Mitten im Dschungel entstanden Städte wie Tikal und Palenque mit ihren Tempeln und Pyramiden. Schrift, Zahlen und Gebrauch des Kalenders (mitsamt Astronomie und Astrologie) verbreiteten sich überall in der sich rasch entwickelnden Tieflandregion.

So entstand auch eine komplexe Form der Weissagung. Die sogenannte klassische Periode, die zwischen 250 und 800 n.Chr. ihren Höhepunkt erreichte, fällt mit der Hochkultur der Tiefland-Maya zusammen. Im 9. Jahrhundert indes sah sich das Tiefland unvermittelt entvölkert. Die gesamte Maya-Kultur verlagerte sich nach Norden. Yucatán wurde zum neuen Kerngebiet. In dieser Zeit wurde auch die berühmte Stadt Chichén Itzá gegründet. Als die Tolteken um 980 n.Chr. fast das ganze Maya-Territorium eroberten, ging die „reine" Maya-Kultur zu Ende.

Die landläufige Vorstellung von den historischen Maya als einem einzigen Volk mit homogener Kultur ist absolut verfehlt. Vielmehr lebten die Maya in einer Reihe von Stadtstaaten, ganz ähnlich wie im antiken Griechenland. Jeder Stadtkreis bildete eine autarke politische Einheit. Nachbarstädte waren nicht selten verfeindet. Zu Zeiten der spanischen Eroberer benutzten die Maya diverse Sprachen, die einander teils so ähnlich wie das britische und das amerikanische Englisch waren oder so verschieden wie Französisch und Polnisch.

Dennoch kannten die Maya eine verbindliche Kosmologie und ein Symbolsystem, die im Mittelpunkt ihrer unterschiedlichen Glaubensvorstellungen standen. Im weitesten Sinne ist somit von einem einheitlichen Blick auf das große Ganze – das Universum selbst – auszugehen. Und aus dieser zentralen Sichtweise entstand das Orakel, also dieses Deck.

DAS WISSEN DER MAYA

Das Alltagsleben der Maya war untrennbar mit ihren Glaubensvorstellungen verbunden. Die Maya lebten in einer Welt der ständigen Weissagung. Ihr Priester (oder ein Adeliger, der als Priester fungierte) ließ sich stets von den Omen des Tages leiten. Wie wir bald sehen werden, wurden diese durch den rituellen Almanach, dessen Wechselspiel mit dem Sonnenkalender und die jeweilige Konstellation der Gestirne bestimmt. Bei der Gestaltung der Karten dieses Spiels wurden all diese Faktoren berücksichtigt, darüber hinaus auch Zeit und Zahlen, die den Maya als unverzichtbarer Bestandteil ihrer Weissagungen galten.

DIE RELIGION DER MAYA

Wie in der östlichen Hemisphäre verstanden auch die Maya die Welt und das umgebende Universum als umfassende, homogene und interagierende Größe. Ihre Götter waren kein Einzelwesen, sondern Teil der ganzheitlichen Wirklichkeit, die mit den übrigen Schöpfung weiterhin in einem Wechselspiel der Durchdringung stand. Raum und Zeit bildeten einen wesentlichen Bestandteil ihres Denkens, und so konnte ein Gott Wesenszüge annehmen, die dem Zeitpunkt und Ort seiner Manifestation entsprachen. Jeder Gott war vierfaltig, da sich seine Wesenszüge von jener Himmelsrichtung ableiteten, durch die er zu einem bestimmten Zeitpunkt seinen Einfluss ausübte. Die Himmelsrichtungen bilden einen Grundpfeiler des Glaubenssystems der Maya, weshalb sie in diesem Orakel auch eine wichtige Rolle spielen. Ein weiteres in den Karten aufgegriffenes Merkmal ist die Dualität der Götter in Form von Gegensatzpaaren, z. B. Güte/Grausamkeit. Beim Lesen der Karten werden Sie selbst entscheiden müssen, welcher der beiden Aspekte jeweils zutrifft.

OBERWELT UND UNTERWELT

Da die Maya die Erde für eine Scheibe hielten, betrachteten sie die Unterwelt buchstäblich als Erdunterseite. Die Unterwelt war die wichtigste Heimstatt der Götter. Bei Sonnenuntergang tauschte sie den Platz mit der Oberwelt (dem Taghimmel), um zur Nacht und zum Nachthimmel zu werden. Der Himmel schien sich entgegen dem Uhrzeigersinn zu bewegen. Wenn eine Karte als „Unterwelt" gedeutet wird, steht dies für die subtilen und oft unbemerkten Einflüsse, die unser Leben lenken und prägen. Dagegen bezieht sich die „Oberwelt"-Deutung auf die eher alltäglichen, praktischen Dimensionen.

DIE ZEIT

In nahezu der gesamten Kultur der Maya stand der Begriff der Zeit im Mittelpunkt. Zeit war beinahe etwas real Greifbares, sie war jene Kraft, die die verschiedenen Dimensionen des Universums zusammenhielt. Nach dem Verständnis der Maya war Zeit zugleich zirkulär und zyklisch – ganz ähnlich der Sichtweise heutiger östlicher Religionen – und verband vergangene, gegenwärtige und künftige Ereignisse. Für die Maya brachte die

Beziehung zwischen zyklischer Zeit, ihren Einheiten und dem Übernatürlichen die Weissagung zu einem natürlichen Abschluss.

ZAHLEN

Bei der Weissagung der Maya spielten Zahlen ebenfalls eine zentrale Rolle. Die Maya kannten ein überaus raffiniertes und praktisches Zahlensystem – und für die damalige Zeit zwei Raritäten: die Null und ein numerisches System mit Potenzen, eine der bedeutendsten Entdeckungen der Menschheitsgeschichte. Erstmals konnten Zahlen nun leicht gehandhabt werden. Sogar komplexe Berechnungen etwa von Finsternissen oder Planetenbahnen wurden möglich. Die Anwendung von Zahlen auf das Verstreichen von Zeit führte zu einer mathematischen Weissagung, ganz ähnlich der modernen Astrologie, doch viel komplexer!

Den Mittelpunkt des Zahlensystems der Maya bildete die Zahl 20. Verwendet wurden einfache Zahlensymbole: ein Punkt bedeutete 1, zwei Punkte 2 und so weiter bis zu 5, die durch einen Querstrich dargestellt wurde. 7 war ein Strich und zwei Punkte. 17 war drei Striche und zwei Punkte. Während wir die einzelnen Ziffern nebeneinander in Einer-, Zehner-, Hunderter-Schritten usw. anordnen, operierten die Maya mit untereinander geschriebenen Einer-, Zwanziger-, Vierhunderter-Schritten usw. 20 war ein Punkt in der 20er-Zeile (für eine 20) und darunter eine stilisierte Muschel für 0. 40 war zwei Punkte (zwei 20er) und eine Muschel. 56 war zwei Punkte in der 20er-Zeile (für 40) plus drei

Striche und ein Punkt in der Einer-Zeile (für 16). 100 (5 x 20) war ein Strich in der 20er-Zeile und eine Muschel (0) in der Einer-Zeile. Hier einige Zahlenbeispiele:

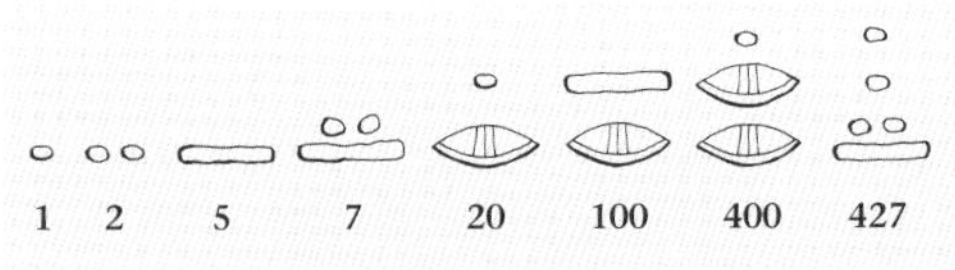

```
 1    2    5    7    20   100  400  427
```

DER MAYA-KALENDER

Sämtliche Glaubensvorstellungen und Ansichten der Maya über Götter, Zeit und Zahlen flossen in einen – oder genauer – in mehrere Kalender ein. Weit mehr als schlichte Zeitmesser, bilden die Kalender der Maya ein komplexes Geflecht aus verschiedenen parallelen Zyklen. Jeder dieser Zyklen verfügt über entsprechende Gottheiten, die auf andere Zyklen übergreifen. Die Kalenderzyklen wiederum überlappen sich mit den vier Vierteln des Universums. Zudem kann jeder Teil des Kalenders die übrigen Teile beeinflussen. Da versteht es sich von selbst, dass die über die diversen Zyklen und Kalender herrschenden „Tagwächter" nicht nur viel zu tun hatten, sondern auch sehr versiert sein mussten!

DER HEILIGE KALENDER

Der auch als Ritueller Almanach bezeichnete Heilige Kalender der Maya war bis zur Eroberung durch die

Spanier für ganz Mesoamerika gültig. Aus einem Zyklus von 260 Tagen bestehend, diente er religiösen Zwecken, der Weissagung und als wichtigster zeremonieller Leitfaden. Er fußte auf zwei ineinandergreifenden Zyklen: einem à 20 Tage (jeweils mit eigenem obwaltenden Gott) und einem Zyklus aus 13 Zahlen.

Jeder der 20 Tage lässt sich anhand einer Zahl und eines Namens identifizieren. Der erste Tag des ersten Zyklus trägt den Namen Imix, bezeichnet wird er entsprechend als 1-Imix. Der zweite Tag des Zyklus heißt Ik und wird folglich als 2-Ik gekennzeichnet. Der dreizehnte Tag des Zyklus heißt Ben und ist folglich 13-Ben. Da aber am vierzehnten Tag des Zyklus, Ix, bereits alle 13 Zahlen verwendet wurden, beginnt die Zahlenreihe von vorn mit 1-Ix. Bei den übrigen Tagen wird ebenfalls eine weitere Zahl nochmals verwendet. Wenn die 20 Tage jedoch erreicht sind und der Tageszyklus mit Imix neu beginnt, wurden nur sieben der 13 Zahlen doppelt gebraucht. Daher heißt der einundzwanzigste Tag des Zyklus 8-Imix, der zweiundzwanzigste 9-Ik usw. 1-Imix erscheint erst wieder am 261. Tag, womit der 260-Tage-Zyklus (= 20 x 13) abgeschlossen ist.

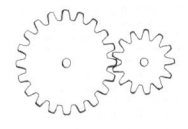

Die beiden Zyklen stellt man sich am besten als zwei ineinandergreifende Zahnräder vor, eines mit 13 und das andere mit 20 Zähnen. Über die Bedeutung des Zyklus von 260 Tagen wurden diverse Theorien aufgestellt. Auffallend ist, dass er annähernd der Länge einer menschlichen Schwangerschaft entspricht. Die Tage wie die Zahlen des Rituellen Almanachs werden in Form der Tages- oder Zahlenkarten aufgegriffen. Da sie sehr wichtige Hinweise auf unser Leben geben, tauchen einige Zahlen hier gleich zweimal auf. Besonderes Gewicht wurde auf die Zahlen 5, 9, 13, 20 und 260 gelegt.

DER SONNENKALENDER

Der Sonnenkalender der Maya entspricht dem Sonnenjahr mit 365 Tagen, wobei die Zyklen des Rituellen Almanachs und des Sonnenkalenders nebeneinander ablaufen. Der Beginn beider Kalender fällt nur alle 52 Jahre auf den gleichen Tag; diese Zeit war den Maya seit jeher besonders heilig. Am Ende jedes 52-Jahres-Zyklus wurden die Pyramiden mit neuen Steinfassaden versehen, Häuser wurden renoviert und die gesamte materielle Kultur wurde einer Erneuerung unterzogen. Dies war eine Zeit, in der das Alte ausstarb und das Neue wiedergeboren wurde. Die während dieser Zeit abgehaltenen Zeremonien des Neuen Feuers werden mit einer eigenen Karte *(Seite 55)* aufgegriffen.

WIE MAN DIE KARTEN LIEST

Die Besonderheit dieses Decks besteht darin, dass jede Karte abhängig von ihrer Position unterschiedlich gedeutet werden kann. Eine bestimmte Karte kann also gelesen werden als:

- EINFLUSSKARTE, die auf die gesamte Lesung einwirkt;
- FIXIERER – eine Karte, die ihre Bedeutung in Zeit und Raum verankert;
- MODIFIKATOR – eine Karte, die einer speziellen Begrifflichkeit im entsprechenden Teil der Lesung Bedeutung verleiht.

Außerdem können manche Kartengruppen als Oberwelt oder Unterwelt gedeutet werden – je nachdem, welche ihrer Hälften nach oben weist. Aufrecht liegende Karten bedeuten Oberwelt und stehen für sichtbare Einflüsse. Umgekehrte Karten sind Unterweltkarten und repräsentieren unterschwellige Einflüsse. Näheres finden Sie weiter hinten in den Deutungen der einzelnen Karten. Mehr über die Bedeutung all dieser Begriffe wird ab Seite 20 erläutert.

DUALITÄT

Dualität kann als Überfluss oder als Mangel erfahren werden. Beides kann zerstörerisch sein. So etwa zeigt uns Kinich Ahau, der Sonnengott *(Seite 35)*, die Sonne als Spender allen organischen Lebens auf der Erde. Also etwas Gutes. Doch zu viel des Guten, wie man so sagt, kann schlimmer sein als nicht genug davon. Zu viel Sonne hat Dürre und Mangel zur Folge. Bei der Karte von Itzamná, dem ältesten, zentralen Gott *(Seite 34)*, erleben wir Einssein und Verbindung mit allem um uns – oder das Gegenteil, Getrenntsein und Loslösung, die zu spiritueller und emotionaler Isolation führen. Die Maya waren sich beider Aspekte der Dualität bewusst, weshalb sie auch in den Karten berücksichtigt werden.

DIE HIMMELSRICHTUNGEN

Die Maya glaubten, dass die Handlungen der Götter und ihre Mächte durch die Himmelsrichtungen wirkten und, im Osten beginnend, gegen den Uhrzeigersinn voranschritten. Ihre Glyphen für die vier Himmelsrichtungen *(siehe unten)* stehen auf der Rückseite der Karten, um ihre wichtige Rolle im Leben der Maya zu beschreiben. Die Deutung der Karten wird durch die Himmelsrichtungen bestimmt. Welche Bedeutung ihnen die Maya jeweils zuschrieben, können Sie im Kasten rechts nachlesen. Karten, die in östlicher Position abgelegt werden, nehmen die Merkmale des Ostens an usw.

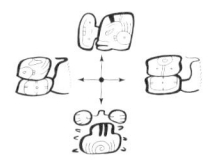

OSTEN Aus Richtung der aufgehenden Sonne gelangen Wärme, Feuer und Leben in die Welt. Doch der Osten ist auch die Richtung des Opfers, was uns daran erinnern soll, dass alles seinen Preis hat. Um das eine zu erlangen, wird man vielleicht etwas anderes opfern müssen.

NORDEN Aus dieser Richtung kommen die Weisheit und die Lösung von Problemen, die sich auf familiäre Bande beziehen, vergangene wie gegenwärtige.

WESTEN Die Maya assoziierten den Westen mit dem Tod. Für sie bedeutete er jedoch nicht ein Ende des Lebens, sondern jenen Punkt, an dem sich das Leben von einem Zustand in einen anderen verwandelte. Außerdem ist er mit unserem verborgenen Schatten-Selbst verknüpft.

SÜDEN Die Richtung des Tages und des Lichts war die Richtung des Alltagslebens mit all seinen profanen Aktivitäten, die einen natürlichen Bestandteil des spirituellen Lebens darstellten. Der Süden bezieht sich auf die Fülle des Alltagslebens.

DAS DECK VORBEREITEN

Zunächst gilt es, sich auf den Zweck der Lesung einzustimmen. Falls Sie oder der Fragende ein konkretes Anliegen haben, behalten Sie dieses im Sinn, während das Deck vorbereitet wird. Sollte es um Allgemeines, das Karma oder eine Weissagung gehen, so nehmen Sie diese Zielrichtung in den Blick.

Legen Sie den Stapel vor sich oder, falls Sie für jemand anderen lesen, vor den Fragenden (nur dieser darf im Weiteren die Karten berühren). Heben Sie etwa in der Mitte ab. Drehen Sie die obere Hälfte um 180 Grad, und legen Sie sie auf die Unterlage. Legen Sie die untere Hälfte darauf und mischen Sie. Wiederholen Sie dies dreimal, und denken Sie daran, die obere Hälfte stets um 180 Grad zu drehen, bevor Sie die untere Hälfte auflegen und mischen. Auf diese Weise werden die Oberwelt- und Unterwelt-Karten gut durchmischt und der vierfache Mischvorgang lässt die Einflüsse der vier Himmelsrichtungen wirksam werden.

Zuletzt wird noch einmal abgehoben, für die „fünfte" Richtung – das Auf und Ab, wie es oftmals durch den Grünen Weltenbaum symbolisiert wird. Heben Sie willkürlich ab und legen Sie die untere auf die obere Hälfte, diesmal ohne die Karten umzudrehen. Achten Sie beim Ablegen jeder einzelnen Karte darauf, dass sie so bleibt, wie sie auf dem Stapel lag.

ANTWORTEN AUF KONKRETE FRAGEN

Bei einer Lesung gibt es drei grundlegende Fragetypen:

1 WAHL: *Soll ich A/B nehmen? Soll ich bleiben/gehen? Werde ich mich verändern/nicht verändern? Soll ich weitermachen/aufgeben?*

2 ZEITPUNKT: *Wann werde ich einen besseren Job bekommen? Wie lange soll ich mich weiter damit abfinden? Wann ist der beste Zeitpunkt, mein Haus zu verkaufen?*

3 GRAD: *Wie weit kann ich gehen, ohne dass es zu einer dauerhaften Trennung kommt? Welche Art von Beziehung mit X kann ich erwarten? Welcher der beiden angebotenen Jobs ist besser für mich?*

Fragen vom Typ 2 und 3 können sich weit schwieriger gestalten, da eine Reihe zusätzlicher Faktoren eine Rolle spielen. Während eine „Wahl"-Frage zu einer Entweder-oder-Empfehlung führt (ja/nein), liefert eine „Grad"-Frage weitere Hinweise, *ohne* indes eine Empfehlung zu geben. Kennzeichnend für „Grad"-Fragen ist, dass sie einen Vergleich zwischen zwei oftmals guten Alternativen ermöglichen, doch die Entscheidung dem Fragenden überlassen. Sehen wir uns einige Beispiele an.

Wahl

Nehmen wir an, Sie müssten sich zwischen zwei Jobangeboten entscheiden. Suchen Sie nur nach einer Ja/nein-Antwort für jeden der beiden Jobs? Wohl kaum, denn wenn es nicht gute Gründe gäbe, jeden der Jobs anzunehmen, wären Sie ja gar nicht erst in die Zwickmühle geraten. Eine bessere Frage wäre daher vielleicht „Wo liegen jeweils die Vorteile?"

Die erste gezogene Karte ist Yum Cimih, der Herr des Todes *(Seite 41)*. Wie kann der Herr des Todes auf einen Vorteil hinweisen? Erfahren Sie, dass Yum Cimih das Alte beseitigt, damit Neues gedeihen kann. Erledigt dies vielleicht einer der Jobs für Sie, bedeutet eine Abkehr vom Gewohnten? Falls ja: Ist dies positiv? In seiner Dualität erinnert uns Yum Cimih aber auch daran, Nützliches nicht voreilig über Bord zu werfen. Bietet Ihnen einer der Jobs vielleicht weitere Erfahrungen, oder hilft er Ihnen dabei, später etwas zu erreichen, worauf Sie hinsteuern? Auch wenn diese Karte keine Ja/nein-Antwort gibt, zeigt sie doch nützliche Aspekte.

ZEITPUNKT

Was wäre, wenn Yum Cimih als Antwort auf eine Zeitfrage gezogen würde wie „Wie lange soll ich mich noch damit abfinden?" Bedeutsam ist hier vielleicht die Mahnung, Nützliches nicht vorschnell zu verwerfen. Oder wir müssen daran erinnert werden, dass es Zeit braucht, um Altes zu beseitigen, damit Neues gedeihen kann. Wenn Yum Cimih keinen konkreten Zeitpunkt angibt, dann vielleicht, weil dieser gar nicht existiert. Es mag sinvoll sein, so lange an der derzeitigen Situation festzuhalten, bis sich andere Bedingungen einstellen.

GRAD

Auf „Grad"-Fragen wie „Welche Art von Beziehung mit X kann ich erwarten?" gibt es oft eine naturgemäß uneindeutige Antwort. Nehmen wir an, die erste gezogene Karte sei Imix *(Seite 59)*, eine Tages- oder Zahlenkarte. Imix bedeutet, dass sich in Ihrem Leben bald eine neue Richtung eröffnen wird. Doch damit diese neue Dimension real wird, müssen Sie sachte voranschreiten. Diese Antwort ist recht klar. Was aber, wenn Sie Muluc *(Seite 67)* gezogen hätten, mit der nachdrücklichen Forderung, dass ein Teil Ihres Lebens aufgeräumt werden muss? Die Auswirkungen dieser Karte sind kurzlebig. Es gibt wenigstens zwei Möglichkeiten: Entweder wird dies eine flüchtige Beziehung sein, die ein persönliches Problem deutlich hervortreten lässt, oder Sie werden in der Beziehung nur begrenzte Zeit haben, mit einem persönlichen Problem fertig zu werden. In diesem Fall wird der Rest der Lesung zur Klarheit beitragen.

ZAHLENKARTEN

Zahlenkarten als Antwort auf konkrete Fragen werden je nach der Himmelsrichtung gedeutet, in der sie auftreten. Sie zeugen von der Stärke des aus dieser Richtung kommenden Einflusses, was sich auf die gesuchte Antwort auswirkt. Karten mit heiligen Zahlen tragen eine besondere Botschaft.

SPEZIELLE ZEITABSCHNITTE

Um Antworten für einen konkreten Zeitabschnitt zu erhalten, ist dieser Zeitraum zunächst festzulegen und während der Vorbereitungen in der Einstimmungsphase zu vergegenwärtigen. Sie können einen beliebigen Zeitabschnitt auswählen, er muss sich nicht unbedingt in Tagen oder Wochen bemessen lassen. Die „nahe Zukunft" oder das „restliche Jahr" reicht schon aus.

LEBENSMUSTER UND KARMA

Eine Lesung muss sich nicht auf künftige Ereignisse beschränken. Wenn Sie etwa Ihre Lebensmuster erkennen wollen, vergegenwärtigen Sie sich diese Intention während der Vorbereitung, und lesen Sie die Karten entsprechend. Die Lesung kann auch das Karma zum Ziel haben, mithin die grundlegende Entwicklung der Seele. In beiden Fällen zeigt der Osten an, welche Haupteinflüsse Sie mitbrachten. Der Norden gibt an, in welcher Weise diese Muster durch familiäre Einflüsse bedingt sind, während der Westen die durchgearbeiteten Muster offenbart und der Süden zeigt, wie Ihre karmischen Muster das Alltagsleben beeinflussen.

KARTENGRUPPEN

Die Karten dieses Decks gliedern sich in fünf Gruppen, die jeweils einen besonderen Einfluss ausüben *(siehe unten)*. Jede Gruppe ist durch eine spezielle Glyphe gekennzeichnet, die in der oberen linken und unteren rechten Ecke erscheint. Sämtliche Karten der alten Götter, heiligen Tiere und heiligen Formen sowie einige der astronomischen Karten besitzen Oberwelt/Unterwelt-Positionen. Der Schatten, den sie als Einflusskarten auf den Rest der Lesung werfen, kann auffällig oder subtil sein, je nachdem, ob die Karte aufrecht oder umgekehrt liegt. Tages- oder Zahlenkarten besitzen keine Unterwelt-Position, sondern werden durchweg als Oberwelt-Karten gelesen; maßgeblich ist der oberste Teil der Karte (entweder die Tages- oder die Zahlenglyphe). Machen Sie sich vor der Lesung mit den einzelnen Karten und ihren symbolischen Bedeutungen vertraut.

DIE ALTEN GÖTTER personifizieren tiefe, markante, langfristige Einflüsse. Die Karten der alten Götter und der heiligen Formen stehen für sehr starke Einflüsse und verleihen der Lesung ein solides Fundament.

Die **ASTRONOMISCHEN KARTEN** verweisen eher auf Probleme. Wie bei den Himmelskörpern sind ihre Einflüsse meist nachts, in der Unterwelt, spürbar. Dann kommen und gehen ihre Auswirkungen meist in Zyklen.

KARTENGRUPPEN

Die Karten der HEILIGEN TIERE deuten auf kurzlebige, dafür aber heftige Einflüsse. Wie die Tiere, die sie repräsentieren, tauchen sie auf und verschwinden, um dann gewöhnlich – eher unerwartet – nochmals zu erscheinen. Wenn sie in einer Lesung als Hauptkarten auftreten, müssen Sie handeln, solange es noch möglich ist.

Die Karten der HEILIGEN FORMEN beziehen sich vor allem auf unbewegliche Objekte. Sie stehen für solide, gut verankerte Energien und Einflüsse.

TAGES- ODER ZAHLENKARTEN repräsentieren drei verschiedenartige Einflüsse:

- TAGESKARTEN haben maßvolle Auswirkungen und gelten als mittelfristig. Was „mittelfristig" bedeutet, hängt naturgemäß von dem anvisierten Zeitraum ab. Wenn es um die gesamte Lebenszeit geht, so handelt es sich um mehrere Jahre – im Gegensatz zu vielleicht einer Woche, wenn sich die Lesung allein auf die nächsten paar Wochen bezieht.
- ZAHLENKARTEN verweisen auf einen von zwei Einflüssen, entweder auf Intensität oder auf Zyklen. Zahlenkarten mit 1, 5, 9, 13, 20 und 260, den heiligen Zahlen der Maya, haben eine spezielle Bedeutung für die Lebenszyklen des Fragenden. Die Karte einer heiligen Zahl gilt in einer Lesung stets als wichtiges Ereignis

und verweist auf das Ende eines alten Lebenszyklus, während zugleich ein neuer beginnt.
- Alle übrigen Zahlen zeugen von der positionsabhängigen Intensität der Energien und Einflüsse. Näheres finden Sie im Deutungsteil der einzelnen Karten *(siehe Seite 59–78)*. Bei nebeneinanderliegenden Zahlenkarten addiert sich ihr Effekt. Die 3 neben der 7 ergibt den Effekt der 10; dies verweist auf eine höhere Intensität in der entsprechenden Himmelsrichtung.

Duplikate

Anfangs mag man den Eindruck haben, als kämen manche Karten zweimal vor. Beispielsweise ist unter den Karten der alten Götter der Maisgott Hun Nal vertreten *(siehe Seite 39)*. Zugleich gibt es auch Kan, den Mais, als Tages- oder Zahlenkarte *(siehe Seite 62)*. Kan verweist auf einen kurzfristigen Einfluss, der ebenso vergänglich ist wie ein Maiskolben. Hun Nal indes verkörpert den Mais an sich und bedeutet somit einen langfristigen, umfassenderen Effekt. Die Karten der Gottheiten zeugen durchweg von einer größeren und weiter reichenden Kraft als ihre scheinbaren Duplikate unter den Tageskarten.

DIE REIHENFOLGE

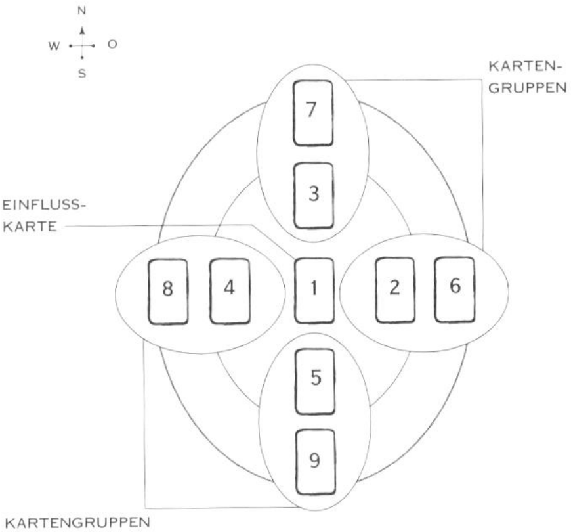

DIE EINFLUSSKARTE

Die Einflusskarte ist die erste, noch vor den Fixierern gezogene Karte und wirkt sich auf die gesamte Lesung aus *(siehe oben, Karte 1)*. Sie nimmt den Mittelpunkt der vier Himmelsrichtungen ein. In der Symbolik der Maya steht dort der Weltenbaum als Grundpfeiler des gesamten Firmaments. Unabhängig davon, welche anderen Karten gezogen werden und wie sie liegen, wird die Einflusskarte stets ihre Wirkung entfalten, deren Stärke von der entsprechenden Kategorie abhängt *(siehe Seite 20)*.

Weiter hinten finden Sie bei der Darstellung der einzelnen Karten detaillierte Angaben für die spezielle Deutung als Einflusskarte.

Fixierer

Die anschließend gezogenen Fixierer *(siehe Seite 23, Karten 2–5)* werden durch die Merkmale der Himmelsrichtung bestimmt, in der sie erscheinen. Im Osten beginnend, werden die Karten entgegen dem Uhrzeigersinn gelegt. Sie werden feststellen, dass die Deutung jeder neuen Karte in bestimmtem Umfang durch die vorangehende(n) Karte(n) beeinflusst wird. Dies trägt dem Umstand Rechnung, dass die Maya daran glaubten, dass alle Dinge sich gegenseitig beeinflussen.

Modifikatoren

Die Modifikatoren *(siehe Seite 23, Karten 6–9)* beziehen sich auf den vom jeweiligen Fixierer angedeuteten speziellen Lebensbereich und sind wie dieser im Sinne der entsprechenden Himmelsrichtung wirksam. Der erste Modifikator wird neben dem ersten Fixierer in östlicher Richtung abgelegt, der zweite Modifikator neben dem zweiten Fixierer in nördlicher Richtung usw. Ein Modifikator bildet eine Einheit mit dem benachbarten Fixierer. Beide werden als eine Einheit gelesen, die unter dem Einfluss ihrer Himmelsrichtung steht.

DIE REIHENFOLGE

BEISPIELE

Beispiel 1: Allgemeines

Karte 1: Tukúr
Die für diese Lesung gezogene Einflusskarte ist Tukúr, die Eule. Als Einflusskarte verweist Tukúr auf gute Chancen für persönliches Wachstum. Alles tief verwurzelte, einen ungesunden Einfluss ausübende Vergangene kann nun an die Oberfläche gelangen, um bewältigt zu werden – sofern Sie sich dazu entscheiden. Somit wird die gesamte Lesung darauf hinweisen, in welchen Lebensbereichen Sie auf diese Einflüsse achten sollten.

Karten 2 & 6: Oc/Glyphe 10 ▪ Ben/Glyphe 13 *(umgekehrt)*
Der erste Fixierer im Osten ist Oc/Glyphe 10. Oc steht aufrecht, weshalb er als Tageskarte gelesen wird. Diese Karte bedeutet, dass sehr bald eine zuverlässige, neue Quelle in Ihr Leben treten wird. Nach den übrigen Fixierern ziehen Sie den ersten Modifikator, Ben/Glyphe 13. Die 13 liegt oben, also wird er als Zahlenkarte gelesen. Die 13 ist eine heilige Zahl, und wir entdecken, dass sie der Kombination Fixierer/Himmelsrichtung einen machtvollen Segen verleiht. Passt ideal zu Oc.

Karten 3 & 7: Ix Chel *(umgekehrt)* ▪ Balam
Der zweite (nördliche) Fixierer ist Ix Chel. Diese Kombination birgt die Botschaft einer ausgezeichneten Gelegenheit für die persönliche Entwicklung, um überschüssige emotionale Lasten aus der Vergangenheit auszusondern, die Sie heute daran hindern, ein erfülltes Leben zu führen. In der Unterwelt-Position steht er für einen

starken, doch subtilen, unsichtbaren Einfluss. Sein Modifikator ist Balam, der Jaguar. Balam ist eindeutig: Es gibt mehr als einen Teil Ihres Schattens, der Licht braucht. Diese Teile kontrollieren Sie, doch Sie haben nun Gelegenheit, selbst die Kontrolle zu übernehmen. Somit unterstützen die subtilen Einflüsse von Ix Chel Ihre Bemühungen. Auch von einer neuen Quelle können Sie Unterstützung erwarten, wie dies durch die beiden Karten in östlicher Position zum Ausdruck kommt.

Karten 4 & 8: KAQJA ■ EDZNAB/GLYPHE 13
Der dritte (westliche) Fixierer ist Kaqja. Er sagt Ihnen, dass Sie tief nach innen blicken müssen, um die gewöhnlich verborgenen Dimensionen – den Schatten – Ihres Selbst zu erkunden. Hier liegen schmerzliche Erinnerungen und Assoziationen begraben, hier finden wir aber auch verborgene Stärken, die bisher vielleicht noch nie freigelegt wurden. Der Modifikator ist Edznab/Glyphe 13. Edznab steht aufrecht, wird also als Tageskarte gelesen. Was Edznab für Kaqja bedeutet, ist sonnenklar: Er fordert, emotionalen Ballast abzuwerfen.

Karten 5 & 9: KUMÁTZ *(umgekehrt)* ■ CHUEN/GLYPHE 11
Der vierte (südliche) Fixierer ist Kumátz. Die Schlange ist ein mächtiges Symbol der Transformation, die stets auch Wachstum bedeutet, das Fortschreiten in einen höheren Seinszustand. Der vierte Modifikator ist Chuen/Glyphe 11. Chuen steht aufrecht und wird daher als Tageskarte gelesen. Als Modifikator verlangt Chuen einen kritischen Blick auf die eigene Sexualität.

Da die ersten drei Fixierer und ihre Modifikatoren Sie bereits veranlasst haben, tief in sich hineinzuschauen, um Vergangenes zu entdecken, das Ihnen nicht länger dient, ist Transformation genau das gesuchte Element. Die erste Kartengruppe (Oc und Glyphe 13) sagt Ihnen, dass Sie die notwendige einfühlsame Unterstützung finden werden.

Zusammenfassung

Da der Fragende in unserem Fall männlich ist, deutet die Lesung insgesamt darauf hin, dass die Summe der tief verschütteten Traumata, die hier hervorzutreten suchen, sich in der sexuellen Identität widerspiegelt. Dies ist kein Indikator für Abnormität, eher dafür, dass er sich vielleicht nicht „Manns genug" fühlt. Es gibt jedoch einen Aspekt, den die Lesung ganz deutlich hervorkehrt: Jetzt ist für ihn die Zeit der Vergangenheitsbewältigung gekommen.

Beispiel 2: eine konkrete Frage

Betrachten wir nun die gleichen Karten als Antwort auf folgende Frage: *Ich lebe in einer Dauerbeziehung, die anscheinend nicht über einen bestimmten Punkt hinauskommt. Ich weiß nicht recht, was ich tun soll. Was nun?*

Karte 1: Tukúr

Tukúr verweist als Einflusskarte wieder auf gute Chancen für persönliches Wachstum. Der Fortgang der Lesung wird zeigen, wie sich diese manifestieren werden.

Karten 2 & 6: Oc/Glyphe 10 ▪ Ben/Glyphe 13 *(umgekehrt)*
Oc steht für Treue und, in seiner Dualität, für bedingungslose Treue. Die östliche Position bedeutet eine Eintrittspforte für Neues, Expansion, Geburt. Durch die heilige, einen machtvollen Segen erteilende Zahl 13 als Modifikator wird die Interpretation klarer: Sie können wirklich erwarten, dass eine neue Quelle der Loyalität und Hingabe in Ihr Leben tritt. Ob diese Quelle in Ihnen selbst liegt oder aus einer anderen Person sprudelt, bleibt abzuwarten.

Karten 3 & 7: Ix Chel *(umgekehrt)* ▪ Balam
Ix Chel im Norden wirft die Frage auf, ob Ihre Beziehung wegen eines ungelösten Familien- oder Kindheitsproblems in eine Sackgasse geraten ist und ob das Problem bei Ihnen oder Ihrem Partner liegt. Der Modifikator Balam bringt hier Klarheit, denn er bedeutet, dass mehr als ein Teil Ihres Schattens Licht benötigt – und dass diese Teile das Sagen haben. Somit dürften Sie Oc tatsächlich in seiner Dualität erleben (bedingungslose Treue), was Sie erstickt und hemmt. Nun aber müssen Sie die Sicherheit aufgeben, dass jemand anderes für Sie denkt und handelt.

Karten 4 & 8: Kaqja ▪ Edznab/Glyphe 13
Die beiden vorangehenden Karten deuten auf ein gravierendes, ungelöstes Problem – genau das, was wir in unserem Schatten-Selbst, worauf der Westen hinweist, finden. Angesichts der verstärkenden Botschaft der Pyramide in dieser Position können wir sicher sein, dass

wir tiefer in uns hineinschauen müssen, um die letzte Antwort zu finden. Ednzab, der dritte Modifikator, macht dies absolut deutlich, denn er verweist auf die Notwendigkeit, emotionalen Ballast abzuwerfen. Die Pyramide bedeutet indes stets, dass sich Ihr Wesen nicht verändert, unabhängig davon, was aus der Vergangenheit ans Licht gelangen wird. Was auch immer darauf errichtet wird, es erhält einen starken inneren Kern.

Karten 5 & 9: Kumátz *(umgekehrt)* ■ Chuen/Glyphe 11
Kumátz führt die Deutungsfäden zusammen. Im Kontext der vorangehenden Karten gelesen, deutet die im Süden (der Position der Fülle und Fruchtbarkeit) erscheinende Karte der Transformation an, dass Sie Ihre tief verwurzelten Ansichten über Beziehungen unbedingt radikal ändern müssen, vor allem bezüglich bedingungsloser Treue und Selbstaufopferung. Sie müssen darüber nachdenken, ob die Beziehung ihre natürlichen Grenzen erreicht hat und Ihnen endlos etwas abverlangt, was niemand aushält. Chuen, der vierte Modifikator, fordert einen kritischen Blick auf die eigene Sexualität oder sexuelle Identität. In Kombination mit der weiteren Lesung verweist dies auf emotionale Probleme, die einem deutlichen Ausdruck der Sexualität entgegenstehen.

Zusammenfassung

Die Lesung deutet auf tief sitzende, ungelöste emotionale Probleme hin, die sich in Ihrer Beziehung widerspiegeln und Ihr Männlichkeitsgefühl nachhaltig beeinflussen können. Die letzten drei Fixierer und ihre Modifikatoren haben Sie veranlasst, tief in Ihrem Inneren alles Vergangene aufzuspüren, das Ihnen nicht länger dienlich ist. Transformation ist genau das, was Sie suchen. Die erste Kartengruppe sagt Ihnen, dass Sie die hierzu erforderliche einfühlsame Unterstützung finden werden, während die Einflusskarte auf eine starke unterschwellige Unterstützung verweist, damit Sie jetzt die notwendigen Schritte unternehmen können.

DIE BEDEUTUNG DER KARTEN

Jede der 45 Karten dieses Decks zeigt ein eigens entworfenes, auf authentischen Artefakten beruhendes Steinrelief. Die Karten gehen auf historisch bedeutsame Weissagungen der Maya zurück und zeigen traditionelle Motive, die für einen Maya-Priester von besonderer Bedeutung waren. Bevor Sie die einzelnen Interpretationen lesen, finden sie nachstehend einen Überblick über die auf jeder Karte enthaltenen Informationen. (Der Kasten rechts soll Sie daran erinnern, worauf bei jeder Karte zu achten ist).

- Damit Sie die entsprechende Deutung leichter nachschlagen können, enthält jede Karte unten, links neben dem übersetzten Namen, eine Referenznummer. (HINWEIS: Diese Nummer darf nicht mit den Zahlen der Maya auf den Tages- oder Zahlenkarten verwechselt werden!)
- Für jede Karte ist angegeben: Attribute, Dualität, Gegensatzpaar, Maya-Symbolik sowie die jeweilige Deutung als Einflusskarte, Fixierer und Modifikator.
- Die besonderen Eigenschaften mancher Karten werden eher durch den Aspekt der Dualität als durch die Attribute verkörpert (z.B. Lamat, *Seite 66*).

TAGES- ODER ZAHLENKARTEN
- Eine aufrecht liegende Karte (Tagesglyphe oben) wird stets als Tageskarte gelesen, eine umgekehrt liegende

Karte (Zahlenglyphe oben) wird jedoch als Zahlenkarte interpretiert.
- Jede Tageskarte besitzt eine wörtliche und eine übertragene Bedeutung. Wenn sich beide Bedeutungen in Ausnahmefällen voneinander unterscheiden, ist zuerst die wörtliche und dann die übertragene Bedeutung angegeben.
- Bei Karten mit heiligen Zahlen ist deren symbolische Bedeutung unter Maya-Symbolik aufgeführt.
- Einige Zahlenkarten haben stets die gleiche Bedeutung, unabhängig von ihrer Position. Diese ist im Abschnitt über die Deutung als Fixierer nachzulesen.

GRUNDLEGENDE ASPEKTE

HIMMELSRICHTUNG – Die von einer beliebigen Karte angedeuteten Lebenseinflüsse werden durch die jeweilige Himmelsrichtung wirksam.

UNTERWELT/OBERWELT – Aufrecht liegende Karten sind Oberwelt-Karten und stehen für sichtbare Einflüsse. Umgekehrte Karten sind Unterwelt-Karten und repräsentieren unterschwellige Einflüsse.

DUALITÄT – Jede einzelne Karte kann auf heilsame oder schädliche Einflüsse hindeuten. Der Fragende muss entscheiden, welches von beidem zutrifft.

POSITION – Abhängig von ihrer Lage kann eine Karte als Einflusskarte, Fixierer oder Modifikator gelesen werden.

ITZAMNÁ
DER ÄLTESTE HAUPTGOTT

ATTRIBUTE Die tiefe, allumfassende, über Äonen angesammelte Weisheit.

DUALITÄT Weisheit muss den Menschen in verdaulicher Form vermittelt werden; Weisheit als Selbstzweck ist wertlos.

GEGENSATZPAAR
Verbundenheit ▪ Trennung

MAYA-SYMBOLIK: Itzamná ist der „zentrale", über allem waltende Obergott, der Große Gott, von dem alle anderen Götter ein Teil sind und von dem sie ihre Macht ableiten.

ALS EINFLUSSKARTE: Die Grundströmung dieser Lesung lautet Weisheit – sei es Ihre eigene oder die anderer, je nach Lage der übrigen Karten. Itzamná stellt Ihnen die Aufgabe, nach Weisheit zu suchen, um die in der Lesung aufgeworfenen Probleme, Fragen oder Antworten zu behandeln.

ALS FIXIERER: Sie müssen hinter das Offensichtliche blicken. Hier liegt ein tief greifendes Problem mit vielen Ebenen – eine wichtige Lebenserfahrung. ***Dualität:*** Die offenbarten Lebensmuster trennen Sie vom Grund Ihres Selbst. Ihre Überwindung ist ein wichtiger Schritt hin zu einer neuen Verbundenheit, so unbequem dies auch zunächst sein mag.

ALS MODIFIKATOR: Werfen Sie einen genauen Blick auf das vom benachbarten Fixierer aufgeworfene Thema. Ist Ihnen die Bedeutung klar? Ist sie offensichtlich oder steckt noch mehr dahinter? Das Erscheinen von Itzamná legt nahe, dass Sie genauer hinschauen und die Weisheit finden müssen, um die aufgeworfenen Probleme zu bewältigen.

KINICH AHAU
DER SONNENGOTT

ATTRIBUTE Die physische Quelle des Lebens auf sämtlichen Ebenen.

DUALITÄT Zu viel Sonne führt zu Dürre und Verödung.

GEGENSATZPAAR
Versorgung ▪ Verödung

MAYA-SYMBOLIK: Kinich Ahau (der „sonnengesichtige/sonnenäugige" Gott) erweckt alles zum Leben. Er ist Quell allen körperlichen Seins.

ALS EINFLUSSKARTE: Ihre Lebensenergie ist im Moment besonders stark und unterstützt die übrigen in der Lesung angesprochenen Lebensbereiche.

ALS FIXIERER: Kinich Ahau steht für den tiefsten inneren Lebensquell, die Innere Sonne, der Sie Ihre gesamte Existenz verdanken. Selbst das, was wir als materielle Seite der Existenz ansehen, besitzt ihre eigene Spiritualität. Sie müssen tief in sich gehen, um neue Ebenen ihres eigenen Quells zu finden. *Dualität:* Achten Sie darauf, dass Sie Ihre innere Kraft konstruktiv einsetzen. Das Leben nährt und unterstützt all das, was es fördert und bejaht. Falls Sie in eine Richtung streben, die Ihrem Leben letztlich nicht dient, wird Ihre Kraft bald erschöpft sein.

ALS MODIFIKATOR: Der benachbarte Fixierer benennt einen Bereich in Ihrem Leben, der in Ordnung gebracht werden muss, da er an Ihren Energien zehrt. Falls Sie gefragt haben, wie Sie Ihre Lebenskraft stärken können, zeigt er Ihnen in seiner Dualität womöglich einen das Leben unterstützenden und erhaltenen Bereich, auf dem Sie aufbauen können.

IX CHEL
Die Nährerin

Attribute Nähren und Pflegen in humaner, femininer Weise; Geburtshilfe, Neues in all seinen Formen ermöglichen.

Dualität Zu viel Nähren wird zum Beherrschen und Ersticken.

Gegensatzpaar
Nähren ▪ Ersticken

3

Maya-Symbolik: Ix Chel verkörpert das weibliche Prinzip des Nährens und Heilens. Als Hebamme fördert und begleitet sie das Entstehen von Neuem – Ideen, Aktivitäten oder Sachen.

Als Einflusskarte: Ix Chel versieht die gesamte Lesung mit einer Aura des Nährens. Was immer die weitere Lesung offenbart, Sie können selbst in schwierigen Situationen oder bei Beginn neuer Wagnisse eine unterstützende Grundströmung erwarten.

Als Fixierer: Ix Chel bedeutet starkes, dauerhaftes Unterstützen, Nähren und Heilen. Diese Karte entspannt eine schwierige Situation, kann Sie aber nicht daraus befreien. Vielmehr müssen Sie diese Zeit der Unterstützung nutzen, um Ihre inneren Ressourcen weiterzuentwickeln. ***Dualität:*** Achten Sie darauf, dass sich das Nähren nicht ins Extrem steigert und gerade das erstickt, was es zu fördern sucht.

Als Modifikator: Ix Chel fordert Sie auf, die sich aus dem benachbarten Fixierer ergebenden Quellen des Unterstützens und Nährens zu identifizieren, und verlangt womöglich von Ihnen, diese Last nun selbst zu schultern. Auch kann sie in ihrer Rolle als Geburtshelferin von allem Neuem erscheinen, das in Ihrem Leben zu wachsen versucht.

PAUAHTUN
DER HIMMELSTRÄGER

ATTRIBUTE Träger schwerer Lasten; symbolisiert Ausdauer, Solidität, Kraft.

DUALITÄT Aus Unbeweglichkeit kann Starrsinn werden und damit ein persönliches Hemmnis.

GEGENSATZPAAR
Ausdauer ▪ Starrsinn

4

MAYA-SYMBOLIK: Die vier Viertel der Welt, die Himmelsrichtungen, wurden von vier Pauahtuns getragen.

ALS EINFLUSSKARTE: Die Zeit ist gekommen, einen genauen Blick auf die Beschwernisse in Ihrem Leben zu werfen, um zu erkennen, wo und wie Sie beginnen können, sich von den Lasten zu befreien. Die Dualität schafft eine weitere Möglichkeit: In einigen Lebensbereichen tragen Sie vielleicht nicht genug Verantwortung. Könnte das zutreffen?

ALS FIXIERER: Wer ausdauernd ist, kann leichten Herzens Lasten tragen. Wer starrsinnig ist, fühlt sich indes oftmals miserabel und trägt die Last nur widerwillig. *Dualität:* Manche Lasten wollen getragen werden, während man andere unnötig und nur aus Starrsinn schultert, ohne zu wissen, wann man sie abwerfen soll.

ALS MODIFIKATOR: Der benachbarte Fixierer benennt einen Lebensbereich, der in bestimmter Weise auf Ihnen lastet. Wenn der Fixierer eine Zahlenkarte ist, zeigt er die Intensität der aus der entsprechenden Himmelsrichtung kommenden Last. In seiner Dualität wird Ihnen womöglich ein Bereich angezeigt, in dem Sie eine schwerere Last tragen müssen.

CHAC
DER REGEN- UND GEWITTERGOTT

ATTRIBUTE Der Ernährer der Natur und Bewahrer des Lebens.

DUALITÄT Zu viel Regen führt zur Überschwemmung; Zerstörer des Lebens.

GEGENSATZPAAR
Ernährer ▪ Sintflut

5

MAYA-SYMBOLIK: Chac, ein untrennbarer Bestandteil der Erde und der Natur, ist jene Kraft, die das Materielle unterstützt, jedoch nicht mit diesem identisch ist.

ALS EINFLUSSKARTE: Sie können mit weitgehender Unterstützung rechnen, wo auch immer Sie sind und was immer Sie gerade in Ihrem Leben unternehmen. Achten Sie jedoch darauf, nicht mehr zu nehmen als notwendig.

ALS FIXIERER: Chac bezieht sich auf den Halt durch die unmittelbare Umgebung (Familie, Freunde und auch uns selbst) und auf Quellen außerhalb unseres direkten Umfelds. Ein ungewöhnlich hohes Maß an Unterstützung von den unterschiedlichsten Seiten wird Ihnen (in Kürze) zuteil. ***Dualität:*** Sie müssen erkennen, wann es genug ist und dass ein Zuviel an Unterstützung Sie hindert, auf eigenen Beinen zu stehen.

ALS MODIFIKATOR: Der benachbarte Fixierer verweist auf einen Lebensbereich, der viel Unterstützung erfährt (oder bald erfahren wird). Wenn der Fixierer eine Zahlenkarte ist, zeigt er die Intensität der aus seiner Himmelsrichtung kommenden Unterstützung. In seiner Dualität kann Chac Sie auch warnen, dass Sie aus der vom Fixierer angedeuteten Quelle zu viel Unterstützung schöpfen.

HUN NAL
DER MAISGOTT

ATTRIBUTE Der materielle Ernährer des Menschen.

DUALITÄT Bei sorglosem Umgang wird die materielle Lebensgrundlage geschwächt und in ihr Gegenteil verkehrt.

GEGENSATZPAAR
Fülle ▪ Mangel

MAYA-SYMBOLIK: Der Legende nach bestanden die Körper der Maya aus Mais, weshalb sie sich selbst als die „Maismenschen" bezeichneten.

ALS EINFLUSSKARTE: Während des anvisierten Zeitabschnitts erhalten Sie materielle Unterstützung. Die weitere Lesung wird die Quellen der stärksten Unterstützung genauer abgrenzen.

ALS FIXIERER: Hun Nal, die Karte der materiellen Unterstützung, ist ganz auf Materielles ausgerichtet. Dazu gehört auch Heim, Arbeitsplatz und die materielle Unterstützung durch Familie und Freunde. Sie verweist auf die Bereitschaft der Menschen in Ihrer Umgebung, Ihnen in dieser Zeit materiell zu helfen; haben Sie also keine Angst, um etwas zu bitten. *Dualität:* Bei allem Verzicht auf falsche Zurückhaltung müssen Sie sich aber auch darüber klar sein, dass Sie das Erbetene auch wirklich brauchen. Falls Sie das, was Sie erhalten, nicht pfleglich behandeln oder unsachgemäß verwenden, werden die Betreffenden bald der Hilfeleistung überdrüssig und stellen sie ein.

ALS MODIFIKATOR: Der begleitende Fixierer definiert einen Lebensbereich mit einem ungewöhnlich hohen Maß an materieller Unterstützung. Wenn der Fixierer eine Zahlenkarte ist, trägt die entsprechende Himmelsrichtung zur Präzisierung bei.

HURACÁN
Der Gott des jähen Wandels

Attribute Führt plötzliche Veränderungen herbei.

Dualität Was als Desaster erscheint, kann letztlich große Vorteile bergen.

Gegensatzpaar
Transformation ▪ Zerstörung

7

Maya-Symbolik: Huracán ist der Gott des Himmels. Von ihm stammt das Wetter in all seinen Spielarten, vor allem aber Stürme und Gewitter. Von seinem Namen ist das Wort „Hurrikan" abgeleitet.

Als Einflusskarte: In Ihrem Leben sind starke Kräfte des Wandels wirksam. Der Wandel kann unvermeidlich sein oder bewusst herbeigeführt werden.

Als Fixierer: Bereiten Sie sich auf größere – womöglich jähe und extreme – Veränderungen in Ihrem Leben vor. Diese können in so unterschiedlichen Bereichen eintreten wie Finanzen, Karriere, Beziehungen, Gesundheit oder Gefühlswelt. Diese Karte kann somit als Vorbote für plötzlichen Wandel gelesen werden. ***Dualität:*** Dies ist eine passende Zeit, sich an das Wesen der Dualität zu erinnern: Eine scheinbare Katastrophe wird sich womöglich als wahrer Segen erweisen. Doch vielleicht muss sich der Staub erst legen, bevor Ihnen klar wird, was gerade geschehen ist.

Als Modifikator: Der benachbarte Fixierer fokussiert jene Lebensbereiche, die einem Wandel besonders ausgesetzt sind. Als Fixierer erscheinende Zahlenkarten verweisen auf die Stärke der verändernden Strömung, die plötzlich auftaucht.

YUM CIMIH
DER HERR DES TODES

ATTRIBUTE Beseitigt das Alte und alles, was ausgedient hat.

DUALITÄT All das, was unvollständig ist oder seinen Zweck nicht erfüllt hat, kann vorzeitig entfernt werden.

GEGENSATZPAAR
Aufräumen ▪ Wegwerfen

8

MAYA-SYMBOLIK: Überall in Mesoamerika vertrat man die Meinung, dass sich alles Leben von anderem Leben ernährt und dass Leben und Tod dynamisch sind und einander ergänzen. Die verschiedenen Mythologien bestätigen nicht selten die universelle, archetypische Vorstellung, dass der Tod neues Leben schafft.

ALS EINFLUSSKARTE: Dies ist eine Zeit der Endpunkte, wobei allerdings betont werden muss, dass manches erst zu Ende gehen muss, bevor Neues beginnen kann.

ALS FIXIERER: Etwas hat sich endgültig aus Ihrem Leben verabschiedet (oder der Abschied ereignet sich gerade), jedoch nicht so plötzlich und erschütternd wie bei Huracán. Zudem ist dieser Abschied kein Ende, sondern ein Neuanfang. *Dualität:* Falls Sie dabei sind, etwas bewusst aus Ihrem Leben gehen zu lassen, sollten Sie sich vergewissern, dass die Zeit tatsächlich gekommen ist und nicht allein eine Problemvermeidung zugrunde liegt.

ALS MODIFIKATOR: Falls es einen besonderen Teil Ihres Lebens gibt, in dem Sie etwas zum Abschluss bringen müssen, wird er durch den benachbarten Fixierer hervorgehoben. Wenn der Fixierer eine Zahlenkarte ist, verweist die Himmelsrichtung auf einen großen Bereich, in dem Loslassen geboten ist.

XBALANQUE UND HUNAHPU
DIE ZWILLINGSHEROEN

XBALANQUE AND HUNAHPU

9 · DIE ZWILLINGSHEROEN

9

ATTRIBUTE Der klassische Held: einer, der auf seinem Weg große Herausforderungen meistert und mit guten Gaben zurückkehrt.

DUALITÄT Jemand, der sich hinauswagt und etwas zurückbringt, das nur ihm selbst dient.

GEGENSATZPAAR
Mut ▪ Feigheit

MAYA-SYMBOLIK: Die Zwillingsheroen sollten die Maya stets daran erinnern, dass jeder dem Leben heroisch entgegentreten soll, um so nach seinen Möglichkeiten ein Held zu sein.

ALS EINFLUSSKARTE: Das Leben selbst fordert, dass Sie sich zusammennehmen und den unbedingten Mut zum Weitermachen finden.

ALS FIXIERER: Dies ist eine Karte mit starker Botschaft. Es ist an der Zeit, dass Sie einen prüfenden Blick auf Ihr Leben werfen. Warum führen Sie kein erfüllteres Leben? Was würden Sie wirklich gern tun, haben jedoch Angst, es zu beginnen? Natürlich wird es Prüfungen und Rückschläge geben, doch ein Held ist jener, der aufsteht und es nochmals versucht.
Dualität: Tapferkeit als Selbstzweck ist kein wahres Heldentum.

ALS MODIFIKATOR: Innerhalb des vom Fixierer benannten Bereichs gilt es, sich mutig den Tatsachen zu stellen und Probleme anzugehen. Eine Zahlenkarte als Fixierer zeigt Ihnen, wie viel Kraft Sie benötigen, um ein Problem zu bewältigen, das aus der entsprechenden Himmelsrichtung kommt.

AHAULE
DER NARRENGOTT DES KÖNIGTUMS

ATTRIBUTE Königliche Eigenschaften wie Güte, Mitgefühl und Würde.

DUALITÄT Herrschaft ohne Erleuchtung führt letztlich zur Zerstörung.

GEGENSATZPAAR
Gütige Führerschaft ▪ *Despotie*

10

MAYA-SYMBOLIK: Das Narrentum des namentlich nicht bekannten Gottes (Ahaule bedeutet Königtum) ist von seiner Kopfbedeckung abgeleitet: der dreizackigen Krone der Maya-Könige, die dem Kopfschmuck eines mittelalterlichen Narren ähnelt.

ALS EINFLUSSKARTE: Diese Karte verweist auf Teile Ihres Lebens, wo die Anwendung gütiger Führerschaft Ihnen und anderen Menschen zugutekommen kann. Man soll stets mit gutem Beispiel vorangehen.

ALS FIXIERER: Die erhabenste Eigenschaft eines Monarchen ist Güte. Entweder sind Sie in einer Position, um von der Güte eines anderen Menschen zu profitieren, oder Sie sind in der Lage, sie anderen zu erweisen. Beides ist eine Herausforderung.
Dualität: Beim Gewähren von Hilfe besitzen Sie womöglich auch die Macht, die von Ihnen abhängigen Menschen zu nötigen, manipulieren, demütigen oder missbrauchen. Oder Sie werden als Hilfeempfänger selbst in ähnlicher Weise ausgenutzt. Wie Sie mit beidem umgehen, ist die Herausforderung.

ALS MODIFIKATOR: Der benachbarte Fixierer verweist auf einen Bereich, der Ihnen gute Chancen bietet, die Lektion der großzügigen Führerschaft anzuwenden. Eine Zahlenkarte als Fixierer sagt Ihnen, wie sehr Sie sich anstrengen müssen.

KANÁH
DIE PADDLER-GÖTTER

ATTRIBUTE Sie stehen für die Kräfte, die das Leben vorantreiben.

DUALITÄT Wildes Paddeln in Richtung auf ein ungewisses Ziel ist vergeudete Energie.

GEGENSATZPAAR
Bewegung ▪ Vergeudung

11

MAYA-SYMBOLIK: Die Paddler-Götter befördern die Seele des Verstorbenen in die Unterwelt, das Jenseits der Maya. Überdies bringen sie den Maisgott Hun Nal zu seiner nächsten Begegnung, wo er neues Leben und Segen spendet.

ALS EINFLUSSKARTE: Die gesamte Lesung steht im Zeichen von Bewegung. Falls eine konkrete Frage gestellt wurde, ist die Bewegung entweder auf eine Antwort oder deren Vermeidung gerichtet. Geht es indes eher um Allgemeines, so sind alle identifizierten Tendenzen in Bewegung, und zwar auch unbewusste.

ALS FIXIERER: Nun sind Sie am Zug. Die Kräfte sind da, doch Sie müssen Ihr Paddel ergreifen und mitarbeiten, um der Strömung nicht hilflos ausgesetzt zu sein. *Dualität:* Während die Strömung bereits da ist, halten Sie kurz inne, um zu erspüren, wohin sie Sie tragen will, damit Sie später nicht gegen sie anpaddeln.

ALS MODIFIKATOR: Die hinsichtlich des benachbarten Fixierers angedeutete Bewegung wird weitgehend von Ihnen bestimmt, weshalb Sie sich über Ihre Absichten klar werden und umsichtig planen müssen.

PACAL
DER KÖNIG VON PALENQUE

ATTRIBUTE Pacal ist kein Gott, steht aber für den Einfluss der Ahnen (in einer Lesung jene, die Ihr Leben beeinflusst haben).

DUALITÄT Nicht alle Einflüsse unserer Ahnen sind hilfreich.

GEGENSATZPAAR
starke positive ▪ *starke negative Einflüsse*

12

MAYA-SYMBOLIK: Die Kommunikation mit den verehrten Toten bildete einen wesentlichen Bestandteil der Weissagung. Pacal, der größte Herrscher von Palenque, wurde zusammen mit einer aus der Krypta nach oben führenden Tonröhre bestattet, damit er mit seinen Nachfolgern kommunizieren konnte.

ALS EINFLUSSKARTE: Die gesamte Lesung konzentriert sich auf Ererbtes, das heute zu Konflikten führt. Die Lesung kann dazu dienen, den Konfliktpunkt und/oder den Weg zu einer Lösung zu finden.

ALS FIXIERER: Wir alle kommunizieren in gewissem Sinne mit unseren Vorfahren. Unsere Wesenszüge und Fähigkeiten, unsere Glaubensvorstellungen und Lebensmuster sind in weiten Teilen das Produkt all dessen, was uns voranging. Diesen Einflüssen müssen Sie unbedingt nachspüren, denn Sie stehen (bald) vor einer bedeutenden Episode oder einem Konflikt, der diesen unmittelbar entspringt. ***Dualität:*** Die Herausforderung besteht darin zu unterscheiden, welche Einflüsse hilfreich sind und welche nicht.

ALS MODIFIKATOR: Pacal verweist darauf, dass die durch den Fixierer ausgedrückten Attribute durch ererbte Wesenszüge oder Glaubensvorstellungen positiv oder negativ beeinflusst werden.

NOHOCH EK
Venus: aufgehend und untergehend

Attribute
Aufgehend: Konflikte erscheinen.
Untergehend: Alte Konflikte werden gelöst und verschwinden.

Gegensatzpaar
Konflikt ▪ Lösung

13

Maya-Symbolik: Das Auf- oder Untergehen der Venus bedeutete einen klaren Hinweis auf finstere Geschehnisse. Die Venus ist so bedeutend, dass sie in diesem Deck gleich durch zwei Karten repräsentiert wird.

Als Einflusskarte: Beim Lesen dieser Karte wird nicht nach Unterwelt und Oberwelt unterschieden, sondern nach aufgehend und untergehend. Aufgehend (aufrecht) deutet sie auf eine Zeit der wachsenden Spannungen und Konflikte, wo Dinge durcheinander geraten. In der Untergehend-Position können Sie in den gleichen Bereichen nach Lösungen alter Konflikte und einer allmählichen Entspannung der Lage suchen.

Als Fixierer: Nohoch Ek verleiht der entsprechenden Kartengruppe eine Grundstimmung der Zerrissenheit. Untergehend (umgekehrt) gibt es jedoch eine deutliche Bewegung in Richtung Konfliktlösung und -bewältigung.

Als Modifikator: Für den vom benachbarten Fixierer beleuchteten Lebensbereich liegt die Betonung auf vermehrtem Konflikt oder Konfliktlösung. Wenn der Fixierer eine Zahlenkarte ist, zeigt die Zahl in dem von der Himmelsrichtung angedeuteten Lebensbereich die Stärke der Bewegung entweder hin zu einer Verschärfung des Konflikts oder seiner Bewältigung.

NOHOCH EK
VENUS: UNTERWELT UND KULMINIEREND

ATTRIBUTE
Unterwelt: Eine konfliktfreie Zeit.
Kulminierend: Konflikte spitzen sich zu.

GEGENSATZPAAR
Ruhe ■ Chaos

MAYA-SYMBOLIK: Im Olymp der Maya spielte die Venus als Kriegssymbol eine ähnliche Rolle wie Mars in der Alten Welt. Das Datum für einen Angriff wurde durch astrologische Berechnungen bestimmt, wobei man besonders auf die Stellung der Venus achtete.

ALS EINFLUSSKARTE: Bei dieser Karte wird nicht nach Unterwelt und Oberwelt unterschieden. In der Position Unterwelt (aufrecht) befindet sich die Venus unter dem Horizont, mithin eine Zeit fast ohne größere Konflikte. Kulminierend (umgekehrt), also am höchsten Himmelspunkt, ist zu erwarten, dass Konflikte aufbrechen. Alle von der weiteren Lesung angedeuteten Lebensbereiche werden Konflikte erleben.

ALS FIXIERER: In der kulminierenden Position ist dies eine besonders schwierige Karte. Die gute Nachricht lautet, dass die Konflikte ihren Höhepunkt bereits erreicht haben und Sie sie, sobald sie gelöst sind, hinter sich lassen können. In der Unterwelt-Position legt Ihnen die Venus keine Steine in den Weg.

ALS MODIFIKATOR: Dies ist der Hinweis auf einen Bereich, der entweder extrem konfliktreich ist oder überaus ruhig und entspannt. Wenn der Fixierer eine Zahlenkarte ist, gibt sie für den durch die Himmelsrichtung repräsentierten Bereich das Ausmaß des Konflikts oder der Ruhe an.

U
MOND: ZUNEHMEND UND ABNEHMEND

ATTRIBUTE
Zunehmend: Das Nährende und Erhaltende ist im Zunehmen begriffen.
Abnehmend: Das Nährende und Erhaltende ist im Abnehmen begriffen.

GEGENSATZPAAR
aktives Nähren ▪ invasives Ersticken

15

MAYA-SYMBOLIK: Die Eigenschaften von U verkörpernd, wird die Mondgöttin Ix Ch'up oft als schöne junge Frau dargestellt, die auf einer Mondsichel sitzt. Während Ix Chel für das reife, großmütterliche Nähren steht, repräsentiert Ix Ch'up das dynamische, aktive Nähren durch eine energische junge Mutter.

ALS EINFLUSSKARTE: Zunehmend (aufrecht) weist U darauf hin, dass Sie bei Ihren Unternehmungen viel Unterstützung erfahren werden, vor allem in den von der weiteren Lesung benannten Bereichen. Abnehmend (umgekehrt) vermindert sich die Unterstützung. Dies soll Sie anregen, mehr Sie selbst zu sein.

ALS FIXIERER: Zunehmend: Eine Zeit sehr aktiver Unterstützung wartet auf Sie. Ihre Mitmenschen stehen bereit, sich besonders anzustrengen, um Sie bei Ihren Vorhaben zu begleiten. Abnehmend: Die jüngste Unterstützung wird abnehmen, um Sie zu ermutigen, auf eigenen Beinen zu stehen.

ALS MODIFIKATOR: Zunehmend bekräftigt U eine Quelle der Unterstützung, wie sie vom benachbarten Fixierer hervorgehoben wird. Abnehmend verweist U auf die Zurücknahme der Unterstützung aus dem benachbarten Fixierer. Eine Zahlenkarte als Fixierer steht für die Stärke der zu- oder abnehmenden Hilfe.

CHIBIL KIN
FINSTERNIS

ATTRIBUTE Warnt vor einer gefahrvollen Zeit.

DUALITÄT Im Leben lassen sich Gefahren nicht vermeiden. Nur Mut!

GEGENSATZPAAR
Gefahr ▪ Chance

MAYA-SYMBOLIK: Verfinsterungen waren die meistgefürchteten Himmelserscheinungen, da man glaubte, Sonne und Mond würden sich einen Kampf liefern, der nur Böses verheißen könne.

ALS EINFLUSSKARTE: In dieser Position wirft Chibil Kin ein Schlaglicht auf eine Zeit voller Probleme. Besonders gefährdet sind die von der weiteren Lesung betonten Lebensbereiche. Gewarnt ist gewappnet!

ALS FIXIERER: Diese Karte soll Sie vor lauernden Gefahren warnen – seien sie körperlicher, emotionaler, finanzieller oder auch spiritueller Natur. Die Maya waren durch ihre Vorausberechnungen vor den Finsternissen gewarnt. Und Sie sind es durch diese Karte. Vorsicht! *Dualität:* Risiken gehören zum Leben. Wahre Sicherheit erlangt man nicht durch krampfhaftes Meiden von Gefahren, sondern durch beherzte Konfrontation.

ALS MODIFIKATOR: Der benachbarte Fixierer weist auf einen Lebensbereich, in dem erhebliche Probleme auftauchen können. In unserem Leben haben wir manch harte Nuss zu knacken, doch wir können daraus lernen. Alles hat einen Anfang, eine Mitte und ein Ende. Auch schwere Zeiten. Falls der benachbarte Fixierer eine Zahlenkarte ist, zeigt sie die Stärke der Gefahr aus der entsprechenden Himmelsrichtung.

BALAM

JAGUAR

Attribute Das Verborgene, das Dunkle, das Geheimnis, das Schatten-Selbst; das, was unser Unbewusstes prägt.

Dualität Verborgene Kräfte können – ungezügelt – außer Kontrolle geraten.

Gegensatzpaar
Macht ▪ Tyrannei

Maya-Symbolik: Die Maya kannten mehrere Jaguar-Götter. Meist fürchtete man ihre Macht, ohne dass man Unheilvolles mit ihnen verband. Bei manchen mesoamerikanischen Ritualen verkörperte der Jaguar eine wichtige Transformationsgestalt.

Als Einflusskarte: Das Schatten-Selbst ist jener Teil von uns, der in unserer persönlichen Unterwelt verborgen bleibt und niemals ans Tageslicht gelangt. Mehr als nur ein Teil unseres Schattens benötigt Licht. Die tief im Unbewussten verborgenen Kräfte kontrollieren Sie; nun haben Sie Gelegenheit, selber die Kontrolle zu übernehmen.

Als Fixierer: Das im Dunkel Verborgene ist kräftig wie ein Jaguar und bestimmt unser Leben oft stärker als das Bewusste. Balam beleuchtet einen Ort, der ans Licht gelangen muss. *Dualität:* Sie müssen sich manche Dinge eingestehen, wenn auch sonst niemand anderem.

Als Modifikator: Die Konfrontation mit sich selbst ist niemals einfach, doch speziell in einem Lebensbereich, den Sie mithilfe des benachbarten Fixierers ausmachen können, gibt es verborgene Antriebe. Zahlenkarten als Fixierer betonen die Himmelsrichtung und Intensität des auftretenden Problems.

KUMÁTZ
SCHLANGE

ATTRIBUTE Symbol des Blutvergießens und des Opfers, der Wiedergeburt und Transformation.

DUALITÄT Wandel ist nicht unbedingt Transformation. Nicht alle Opfer sind wertvoll.

GEGENSATZPAAR
Transformation ■ *Wandel als Selbstzweck*

18

MAYA-SYMBOLIK: Die Schlange verkörpert nach dem Jaguar das zweitwichtigste Lebewesen. Die Maya kannten zahlreiche Schlangengötter. Kumátz ist hier mit Wiedergeburt und Transformation verknüpft.

ALS EINFLUSSKARTE: Wenn diese Karte gezogen wird, sind grundlegende Transformationen in Ihrem gesamten Dasein im Gange. Mächte ganz tief in Ihrem Inneren zwingen Sie zu Veränderungen. Fürchten Sie sich nicht vor dem Wandel, sofern Sie diese Veränderungen von innen heraus ungehindert lenken können.

ALS FIXIERER: Dem von der Karte umrissenen Lebensbereich steht eine umfassende Neuordnung bevor. Wandel und Transformation müssen unterschieden werden. Wandel bedeutet eine innere oder äußere Veränderung, die nicht unbedingt mit Wachstum einhergeht. Transformation jedoch ist *stets* mit Wachstum verknüpft und bezeichnet das Fortschreiten in einen höheren Daseinszustand. Kumátz erinnert Sie zudem daran, dass es keine Transformation ohne Opfer gibt.

ALS MODIFIKATOR: Falls es einen besonderen Lebensbereich gibt, in dem Transformation notwendig ist, wird er hiermit angedeutet. Der durch die Himmelsrichtung wirkende Fixierer betont die einzuschlagende Richtung.

SOTŹ

FLEDERMAUS

ATTRIBUTE Steht für den unerwarteten, leisen Tod; aus der Unterwelt auftauchend, fordert die Fledermaus Opfer.

DUALITÄT Ein unerwarteter Niedergang geht mit ganz neuartigen Lehren, Herausforderungen und Prüfungen einher.

GEGENSATZPAAR
abruptes Ende ▪ eindringliche Lehren

19

MAYA-SYMBOLIK: Als nachtaktives Tier hat man die Fledermaus mit dem Tod und der Unterwelt assoziiert. Dies ist nicht der natürliche, ausgleichende und harmonisierende Tod von Yum Cimih, sondern ein unnatürlicher, furchtbarer Tod.

ALS EINFLUSSKARTE: Sotź taucht die gesamte Lesung in eine Aura des Unerwarteten. Alle in der Lesung hervortretenden Bereiche können abrupt zu Ende gehen.

ALS FIXIERER: Hier sei nochmals daran erinnert, dass eine Karte des Todes nicht den körperlichen Tod meint, sondern das Dahinscheiden von Gedanken, Standpunkten, Beziehungen, Objekten oder Jobs, deren Zeit vorüber ist. Sotź steht für das unwiderrufliche Ende; da es unerwartet eintritt, geht es mit Aufruhr und Verwirrung einher. ***Dualität:*** Dies ist die rechte Zeit, sich daran zu erinnern, dass der Schein trügen kann. Nicht jedes Ende ist unbedingt schlecht, denn es schenkt wichtige Lebenserfahrungen.

ALS MODIFIKATOR: Der Fixierer und die entsprechende Himmelsrichtung betonen einen Lebensbereich, der einem unerwarteten Ende ausgesetzt ist. Zahlenkarten als Fixierer zeigen die Intensität des durch die Himmelsrichtung wirksamen Bruchs.

TUKÚR
EULE

ATTRIBUTE Bote der Götter der Unterwelt; Verbindung mit dem Schatten-Selbst.

DUALITÄT Die Freilegung des verborgenen Selbsts kann die Gesundheit oder die Repression fördern.

GEGENSATZPAAR
Expansion ▪ Einschnürung

20

MAYA-SYMBOLIK: Die Eulen besaßen für die Maya gleich mehrere Bedeutungen. Sie waren die von den Göttern entsandten Boten der Unterwelt. Andere Eulensymbole galten als Boten des Regengottes Chac.

ALS EINFLUSSKARTE: Genau jetzt bestehen immense Chancen für persönliches Wachstum. Alles tief Verborgene, das einen unheilvollen Einfluss ausgeübt hat, kommt nun an die Oberfläche, um bewältigt zu werden.

ALS FIXIERER: Die Wege zu Ihrem inneren Selbst sind jetzt frei. Das in ihrem Innersten Verborgene drängt zum Licht und kann, dort angelangt, endlich bewältigt werden. Dies ist die beste Zeit, alles geschehen zu lassen. *Dualität:* Je stärker das verborgene Selbst unterdrückt wird, desto mehr drängt es nach oben.

ALS MODIFIKATOR: Der benachbarte Fixierer verweist auf Dinge, die in Ihrem Inneren verborgen sind und nach oben drängen. Die Himmelsrichtung, in der Tukúr erscheint, ist ein deutlicher Indikator für die Stoßrichtung des Problems, dessen Tragweite durch eine Zahlenkarte als Fixierer angezeigt wird.

KAQJA
PYRAMIDE

ATTRIBUTE Die Pyramide wahrt die Verbindung mit der Vergangenheit, um eine sichere Zukunft zu gewährleisten.

DUALITÄT Sie kann auch zu einer Stätte unbedachter Rituale und unschuldiger Opfer werden.

GEGENSATZPAAR
Stabilität ▪ Starrheit

21

MAYA-SYMBOLIK: In einem Erdbebenland waren Pyramiden stabile Bauwerke. Die meisten von ihnen bargen die Gräber der Ahnen, von denen man glaubte, dass sie weiterhin einen Einfluss auf die Lebenden ausübten.

ALS EINFLUSSKARTE: Welche Entscheidungen Sie jetzt auch treffen, Sie können sicher sein, dass sie eine felsenfeste Grundlage haben. Doch seien Sie gewarnt: Selbst Pyramiden zerfallen, wenn man sie vernachlässigt.

ALS FIXIERER: Wo Kaqja auftaucht, besitzen Sie – wie bei einer Pyramide der Maya – ein solides Fundament, auf dem Sie den „Tempel" (Ihr Leben) errichten können. Diese Kraft kann augenfällig sein, vor allem mit Kaqja in der Oberwelt-Position, oder aber tief verborgen (Unterwelt). ***Dualität:*** Stabilität und Starrheit lassen sich nicht immer leicht unterscheiden. Ein stabiler Baum beugt sich dem Wind, bleibt aber stehen, während ein starrer Baum umkippt.

ALS MODIFIKATOR: Den Lebensbereich, auf den Sie sich gerade jetzt verlassen können, zeigt der benachbarte Fixierer. Zahlenkarten als Fixierer zeigen das Ausmaß der Stabilität, wie sie durch die Einflüsse der Himmelsrichtung wirksam ist.

IQ ICATZ
NEUES FEUER

ATTRIBUTE Preisgabe des Alten und Erneuerung des Neuen.

DUALITÄT Unnötige Zerstörung und verfrühte Preisgabe von vielleicht weiterhin Nützlichem.

GEGENSATZPAAR
Erneuerung ▪ unnötige Zerstörung

22

MAYA-SYMBOLIK: Der Beginn des heiligen Kalenders (mit 260 Tagen) und des Sonnenkalenders (365 Tage) fiel alle 52 Jahre auf den gleichen Tag. Dies war eine Zeit vollständiger Erneuerung. Während der Zeremonie des Neuen Feuers verbrannte man ein Bündel aus 52 Stöcken in einem frisch entfachten Feuer als Symbol für die Preisgabe des Alten in Vorbereitung auf die Begrüßung des Neuen.

ALS EINFLUSSKARTE: In der Einfluss-Position ist dies die machtvollste Karte des gesamten Decks. Sie kündet von Ihrer Bereitschaft, in die nächste Lebensphase überzugehen.

ALS FIXIERER: Die Karte markiert das Ende eines natürlichen Zyklus und zeigt, dass Sie bereit sind, den nächsten Schritt zu tun. Sie verlangt, dass Sie tief in sich gehen, um zu erkennen, was Sie preisgeben und was Sie bewahren und stärken müssen.
Dualität: Bevor Sie altes Geschirr zerschlagen und Ihr altes Haus abreißen, sollten Sie darüber nachdenken, wodurch sie es ersetzen werden.

ALS MODIFIKATOR: Wenn Iq́ Icatz eine oder mehrere Karten begleitet, steht sie für das Ende der einen und den Beginn einer neuen Ära. Ist der Fixierer eine Zahlenkarte, so deutet die Himmelsrichtung auf die Quelle des Neuen hin.

DZONOT
CENOTE

Attribute Eine Öffnung zur Unterwelt, wo Opfer dargebracht und die Zukunft offenbart werden kann.

Dualität Sinnlose Opfer, wenn andere Möglichkeiten verfügbar sind.

Gegensatzpaar
Offenbarung ▪ *Illusion*

Maya-Symbolik: Die Spanier schrieben das Wort *dzonot* als *cenote*. Cenoten sind natürliche Schlucklöcher im Kalkstein, die meist zum Teil mit Wasser gefüllt sind. Sie galten als Eingänge zur Unterwelt und Wohnsitz der Götter.

Als Einflusskarte: In dieser Position bedeutet Dzonot, dass die zu Ihrem Innersten führenden Kanäle geöffnet sind. Die gesamte Lesung handelt von Ihrem inneren Selbst; die der größten Aufmerksamkeit bedürfenden Bereiche werden dabei von den durch die entsprechende Himmelsrichtung agierenden Fixierern betont.

Als Fixierer: Dzonot teilt Ihnen mit, dass Sie bereit sind, sich eingehend mit dem von der Karte angedeuteten Bereich zu befassen. Die Himmelsrichtung zeigt Ihnen, auf welchen Lebensbereich Sie sich konzentrieren sollen. ***Dualität:*** Denken Sie daran, dass der Blick in die Tiefe auf vielfältige Weise verfälscht werden kann. Schauen Sie also genau hin, bis Sie dessen sicher sind, was Sie da sehen.

Als Modifikator: Als Teil einer Kartengruppe lenkt Dzonot Ihre Aufmerksamkeit auf den hervorgehobenen Lebensbereich. Auch hier gilt es, tief nach innen zu blicken und sich zu vergewissern, dass das Gesehene auch real ist.

CEIBA
DER ZENTRALE WELTENBAUM

ATTRIBUTE Der Ort, an dem sich alle Himmelsrichtungen zum Zentralen Herz vereinen. Harmonische Vereinigung schafft Ordnung.

DUALITÄT Unharmonische Vereinigung lässt überall Chaos und Unordnung entstehen.

GEGENSATZPAAR
offenes Herz ▪ verschlossenes Herz

24

MAYA-SYMBOLIK: Für die Maya besaß das Universum vier Ecken, die jeweils von einem heiligen Baum gestützt wurden. In der Mitte – dem Vereinigungspunkt der vier Weltecken – stand der Weltenbaum.

ALS EINFLUSSKARTE: Buchstäbliches Herzstück dieser Lesung ist das Herz. Ob es nun um Herzensdinge geht oder um den Kern eines persönlichen Problems – die weitere Lesung wird sich auf die tiefsten Ebenen Ihres Daseins konzentrieren.

ALS FIXIERER: Herzensangelegenheiten erhalten durch diese Karte eine besondere Betonung – nicht nur Liebesdinge, wenngleich die Karte sicher auch so gedeutet werden kann. Ceiba kann indes auch ein Licht auf jenen Punkt werfen, der alle Dimensionen unseres Seins perfekt vereint. ***Dualität:*** Während Sie sich dem Herzen der Dinge nähern, ist Harmonie nur gewährleistet, wenn Sie sich von Ihrem tiefsten Inneren leiten lassen.

ALS MODIFIKATOR: Es gibt etwas, zu dessen Herz Sie vorstoßen müssen; wo es liegt, zeigt der benachbarte Fixierer.

POP

MATTE

ATTRIBUTE Als Symbol der Königswürde war die Matte der Ort des Empfangens und Erteilens von Ratschlägen.

DUALITÄT Falscher Rat ist schlechter als gar keiner. Entscheidend ist die Auswahl der Ratgeber.

GEGENSATZPAAR
Beraten ▪ Irreführen

25

MAYA-SYMBOLIK: Die Flechtmatte, auf der die Ratgeber Platz nehmen, steht für das Annehmen und Erteilen von Ratschlägen. Als Motiv erscheint sie an Gebäuden, in denen der Gemeinderat tagte, aber auch in königlichen Behausungen.

ALS EINFLUSSKARTE: In dieser Position lässt Pop die gesamte Lesung als einen guten Rat erscheinen. In der Oberwelt-Stellung können Sie die Deutung für bare Münze nehmen. In der Unterwelt-Position müssen Sie jedoch zwischen den Zeilen lesen.

ALS FIXIERER: Sie sind in einer Lage, in der Sie Rat erteilen oder empfangen. Oberwelt: Sie benötigen Rat. Unterwelt: Man bittet Sie um Rat. Als Empfänger eines Ratschlags sollten Sie sich vergewissern, dass er stimmig ist, bevor Sie danach handeln. Und bevor Sie einen Rat erteilen, müssen Sie sich Ihrer Sache sicher sein. In dieser Herausforderung liegt die Dualität von Pop.

ALS MODIFIKATOR: Pop unterstreicht die Notwendigkeit, einen Rat zu empfangen (Oberwelt) oder zu erteilen (Unterwelt). Eine Zahlenkarte als Fixierer verweist auf die Stärke der Notwendigkeit in der entsprechenden Himmelsrichtung.

IMIX/GLYPHE 1
SEEROSE • ERDOBERFLÄCHE

ATTRIBUTE Alles Leben kommt aus dem Wasser; symbolisiert das Entstehen von etwas Neuem.

DUALITÄT Überschwemmungen können Leben zerstören.

GEGENSATZPAAR
Hervortreten ▪ Unterdrücken

MAYA-SYMBOLIK: Da sie aus dem Wasser herausragt, ist die Seerose das Symbol für das Auftauchen des Landes aus dem Meer. Für den Anfang stehend, war die Zahl 1 eine wichtige Symbolzahl der Maya.

ALS EINFLUSSKARTE: Imix weist Sie darauf hin, dass überall in Ihrem Leben neue Dinge auftauchen werden. Die Zahl 1 gibt Ihnen reichlich Spielraum für Neuanfänge. Das jeweilige Potenzial wird durch den Fortgang der Lesung weiter verdeutlicht.

ALS FIXIERER: In Ihrem Leben wird sich bald eine neue Richtung auftun; die Himmelsrichtung zeigt den betroffenen Lebensbereich an. *Dualität:* Seerosen wachsen nur in ruhigem Wasser; unruhige Gewässer zerstören sie. Schreiten Sie daher sachte voran, um den Neubeginn nicht zu gefährden. Die Zahl 1 steht für einen Neubeginn. Wie bei Imix kann es sich um eine neue Richtung handeln, aber auch den Neubeginn von etwas bereits Bestehendem bedeuten.

ALS MODIFIKATOR: Imix verweist auf neue Möglichkeiten und eine neue Ausrichtung Ihres Lebens, wie dies durch den benachbarten Fixierer angedeutet wird. Als Modifikator kann die Zahl 1 auf eine neue Richtung hinweisen (wie Imix) oder auf einen gänzlichen Neubeginn.

IK/GLYPHE 2
WIND

ATTRIBUTE Die unsichtbaren, kreativen Lebenskräfte.

DUALITÄT Abhängig von unseren Entscheidungen können diese Kräfte das Leben fördern oder hemmen.

GEGENSATZPAAR
Erschaffen ▪ Zerstören

27

MAYA-SYMBOLIK: Ik verkörpert den unsichtbaren Beweger, den schaffenden Geist, von dem sich das Leben ableitet.

ALS EINFLUSSKARTE: In dieser Position verströmt Ik Schöpferkraft in sämtliche Bereiche Ihres Lebens, vor allem aber in jene, die sich in der weiteren Lesung herauskristallisieren. Doch die Dualität warnt: Vergewissern Sie sich, aus welcher Richtung der Wind weht, bevor Sie die Segel setzen! Die Zahl 2 in der Einflussposition deutet auf recht schwache Kräfte und Einflüsse hin.

ALS FIXIERER: Die Winde der Kreativität wehen aus der Himmelsrichtung, in der Ik erscheint. Dies ist eine gute Zeit, um neue Projekte zu starten und Dinge zu unternehmen, bei denen Kreativität gefragt ist. ***Dualität:*** Achten Sie darauf, was Sie da zum Leben erwecken. Denken Sie an Frankenstein! Die Zahl 2 bedeutet eine relativ geringe Intensität.

ALS MODIFIKATOR: Ik verleiht dem vom benachbarten Fixierer hervorgehobenen Lebensbereich einen kreativen Schub. Jede kreative Unternehmung, die Sie jetzt beginnen, erfährt daher zusätzliche Unterstützung. Die Zahl 2 als Modifikator verweist auf eine vergleichsweise schwache Kraft. Unter Bezug auf den benachbarten Fixierer ergriffene Maßnahmen werden womöglich kaum unterstützt.

AKBAL/GLYPHE 3
FINSTERNIS • NACHT

ATTRIBUTE Öffnung der Geisterwelt; eine Zeit der spirituellen Nähe und Offenheit.

DUALITÄT Finsternis kann viel Falsches verbergen.

GEGENSATZPAAR
Spiritualität ▪ Trennung

MAYA-SYMBOLIK: Die Nacht verkörperte jene Zeit, in der die Geister aktiv waren. Träume galten als Erinnerung an die nächtlichen Wanderungen und als Hinweis auf die Geister, denen man im Schlaf begegnet war.

ALS EINFLUSSKARTE: Akbal schenkt Ihnen eine Zeit tiefer Einsichten in Ihre Hoffnungen, Ängste und Ambitionen und deren ureigene Antriebe. In ihrer Dualität kann dies aber auch eine Zeit der Täuschungen sein, weshalb Sie aufgefordert sind, mit Ihren Entdeckungen realistisch umzugehen. Die Zahl 3 deutet an, dass die in der weiteren Lesung hervortretenden Bereiche momentan nicht besonders stark ausgeprägt sind.

ALS FIXIERER: Akbal zeigt, dass Sie nun die Geistwelt, Ihre eigene spirituelle Mitte, fast erreicht haben. Dies ist die Zeit, über den vor Ihnen liegenden und den zurückgelegten Weg zu meditieren oder gründlich nachzudenken. ***Dualität:*** Vorsicht ist geboten bei dem, was wir vor uns *über* uns verbergen. Die Zahl 3 deutet an, dass die Energie gerade ausreicht, um die Dinge in Bewegung zu setzen; ohne zusätzlichen Impuls wird es schwierig.

ALS MODIFIKATOR: Akbal verweist durch den benachbarten Fixierer auf einen Lebensbereich, den es genauer zu erforschen gilt. Die Zahl 3 bedeutet keine hohe Intensität, weshalb die Unterstützung womöglich nicht ausreicht.

KAN/GLYPHE 4
GETREIDE • MAIS (FÜLLE)

ATTRIBUTE Der materielle Lebensunterhalt.

DUALITÄT Völlerei ist ebenso schlecht wie Hungern.

GEGENSATZPAAR
Sättigung ▪ Unersättlichkeit

29

MAYA-SYMBOLIK: Mais war für die Maya von zentraler Bedeutung. Sie wussten, dass jegliches Handeln einer materiellen Lebensgrundlage bedarf.

ALS EINFLUSSKARTE: All Ihre Unternehmungen unterstützend und stärkend, verleiht Kan Ihnen ein Fundament des materiellen Wohlergehens. Mit der Zahl 4 als Einflusskarte sind die Kräfte Ihnen dienlich – Überstunden machen sie aber nicht.

ALS FIXIERER: Zur Erlangung eines höheren Bewusstseins gehört auch die Einsicht, dass materielle Fülle eine solide Grundlage für die Verfolgung höherer Ziele liefert. Kan fordert dazu heraus, die subtile Balance zwischen Fülle und Exzess zu erreichen. Seine Wirkung ist zeitlich recht begrenzt, daher müssen Sie sofort handeln. ***Dualität:*** Wenn wir Materielles als Selbstzweck verfolgen, entfernt es uns von dem, was wir eigentlich suchen. Die Zahl 4 verweist auf eine gewisse Unterstützung, doch nicht genug, um sich ganz darauf zu verlassen.

ALS MODIFIKATOR: Kan verleiht dem vom Fixierer betonten Bereich einen materielle Note. Die Zahl 4 zeugt von geringer bis mäßiger Kraft; wie gesagt: Sie arbeitet für Sie, wird aber keine Rekorde erreichen.

CHICCHAN/GLYPHE 5
HIMMELSSCHLANGE • SCHLANGE

ATTRIBUTE Symbol der Transformation und Einsicht.

DUALITÄT Nicht durch Einsicht gelenkte Transformation kann sich in die falsche Richtung entwickeln.

GEGENSATZPAAR
Einsicht ▪ Illusion

30

MAYA-SYMBOLIK: Chicchan symbolisiert die während der Weissagung heraufbeschworene Visionsschlange, die eine Botschaft bereithält. Die Zahl 5, ein wichtiger Baustein im Zahlensystem der Maya, verleiht der Lesung zusätzliche Bedeutung.

ALS EINFLUSSKARTE: Die Vision ist stark auf jene Lebensbereiche konzentriert, die in der weiteren Lesung hervorgehoben werden. Die Zahl 5 verleiht dem Rest der Lesung maßvolle Unterstützung, erzielt aber auch keine Höchstleistungen.

ALS FIXIERER: Für Sie ist dies eine Zeit ungewöhnlicher Einsichten. Chicchan ermutigt Sie, einen Blick auf das eigene Lebensgefüge und seine Standardthemen zu werfen. ***Dualität:*** Gehen Sie in sich, doch verschaffen Sie sich Klarheit über die Botschaft. Unsere Innenwelt birgt nachhaltige Einsichten, aber auch ebensolche Illusionen. Die Zahl 5 bedeutet, dass genug vorhanden ist, um darauf aufzubauen, wenn auch nur knapp.

ALS MODIFIKATOR: Chicchan bietet eine gute Chance für Einblicke in spezielle Lebensbereiche. Einer von ihnen wird durch den benachbarten Fixierer und die entsprechende Himmelsrichtung verdeutlicht. Auch hier bildet die Zahl 5 ein so eben ausreichendes Fundament.

CIMI/GLYPHE 6
TOD

ATTRIBUTE Das Vergehen alter oder abgenutzter Ideen, Beziehungen oder Dinge.

DUALITÄT Achten Sie darauf, dass das Vergehende seinen Zweck zu Ende erfüllt hat.

GEGENSATZPAAR
Vollendung ▪ Bruch

MAYA-SYMBOLIK: Nach dem Verständnis der Mesoamerikaner waren Leben und Tod dynamisch und komplementär. Diverse Mythen handeln von der Niederlage der Todesgötter, um den universellen Archetypus zu bestätigen, dass aus dem Tod neues Leben entsteht.

ALS EINFLUSSKARTE: Cimi verbreitet seine Botschaft der kleinen Schlusspunkte (im Gegensatz zu Yum Cimihs großen Enden) in der gesamten Lesung. Das ist gar nicht so schlimm und eher als freundlicher Anstoß gemeint, denn viele von uns schieben Abschlüsse aller Art hinaus. Die Zahl 6 zeigt an, dass genug Energie da ist, um die Botschaften der Lesung ernst zu nehmen.

ALS FIXIERER: Cimi verkündet keine bedeutenden Umwälzungen, vielmehr eine Reihe kleinerer Anpassungen, die neue Wege eröffnen. Wo sie liegen, wird durch die Himmelsrichtung angezeigt. ***Dualität:*** Die durch Cimi verkörperte Energie kann zu einem Bruch in Ihrem Leben führen, wenn Sie den Dingen aus dem Weg gehen und alles beim Alten lassen wollen. Die Zahl 6 als Fixierer steht für ein solides Maß an Energie.

ALS MODIFIKATOR: Erwarten Sie, dass etwas zu Ende geht, doch denken Sie an das, was stets dahinter auf Sie wartet: ein Neuanfang. Die Zahl 6 versieht die vom Fixierer angedeuteten Veränderungen mit einer recht hohen Kraft.

MANIK/GLYPHE 7
HIRSCH

Attribute Flink und verstohlen; symbolisiert flüchtige, doch lohnende Gelegenheiten.

Dualität Wer zögert, ist verloren.

Gegensatzpaar
unerwartete Chancen ▪ *verpasste Chancen*

Maya-Symbolik: Als Nahrungsmittel und Opfergabe sehr geschätzt, wurde Wildbret mit den Jagdgöttern assoziiert. Der Hirschbock galt als Symbol der Sexualität.

Als Einflusskarte: In den durch die Lesung hervorgehobenen Lebensbereichen werden sich Chancen auftun, die aber im Handumdrehen verstreichen. Seien Sie also bereit! Die Zahl 7 verweist auf recht verlässliche, wenn auch nicht spektakuläre Einflüsse.

Als Fixierer: In diesem Augenblick bietet sich eine seltene Gelegenheit, die aber ebenso rasch wieder verschwunden ist wie ein Hirsch von der Lichtung. Als Indikator der Sexualität verstanden, bedeutet Manik, dass Sie vielleicht nur einen Augenblick Zeit haben zu entscheiden, welche Art von Beziehung Sie wirklich wollen. ***Dualität:*** Unsicherheit und Zaudern lassen den Moment verstreichen und die Chance ist verpasst. Die Zahl 7 als Fixierer verweist auf mittlere Unterstützung.

Als Modifikator: Durch den benachbarten Fixierer wirft Manik ein Schlaglicht auf einen Lebensbereich, in dem sich eine Chance bieten dürfte, wenn Sie schnell reagieren. Die Zahl 7 verleiht dem benachbarten Fixierer ein Quäntchen Energie, was aber kein Grund zum Jubeln ist.

LAMAT/GLYPHE 8
VENUS

ATTRIBUTE Krisen und Beschwernisse.

DUALITÄT Krisen und Beschwernisse sind oft Triebfedern für neues Wachstum.

GEGENSATZPAAR
Krise ▪ Chance

MAYA-SYMBOLIK: Lamat ist ein anderes Wort für Venus. Vor allem die auf- oder untergehende Venus verkörperte den deutlichsten Hinweis auf finstere Geschehnisse.

ALS EINFLUSSKARTE: In dieser Position deutet Lamat auf unausweichliche Konflikte und Störungen hin. Die Unruhe wird indes nur von kurzer Dauer sein. Die Zahl 8 bedeutet, dass Sie in einen Bereich mit überdurchschnittlicher energetischer Unterstützung gelangen.

ALS FIXIERER: Sie werden mit einer Zeit der Unruhe, Konflikte und Umbrüche aus Lamats Himmelsrichtung konfrontiert. Mit Lamat wird sie zumindest kürzer sein als mit Nohoch Ek. Stellen Sie sich den Problemen und atmen Sie auf, wenn sie vorbei sind. ***Dualität:*** Nutzen Sie die Umbrüche und Krisen zu Ihrem Vorteil. Lernen Sie aus ihnen. Die Zahl 8 bedeutet eine recht starke Unterstützung aus der entsprechenden Himmelsrichtung.

ALS MODIFIKATOR: Zusammen mit dem Fixierer beleuchtet Lamat einen kurzfristig besonders turbulenten Lebensbereich. Eine bestimmte Unruhe ist jedoch notwendig, wenn wir unserem Leben eine neue Wendung geben wollen. Durch ihre Himmelsrichtung verleiht die Zahl 8 Ihren Unternehmungen ein recht hohes Maß an Unterstützung.

MULUC/GLYPHE 9
WASSER

ATTRIBUTE Spendet neues Leben; säubernd und reinigend.

DUALITÄT Zu viel Wasser kann Substanz fortspülen.

GEGENSATZPAAR
Reinigen ▪ Verschmutzen

MAYA-SYMBOLIK: Wasser war lebensnotwendig und diente der symbolischen Reinigung. Neuanpflanzungen wurden einem Reinigungsritual unterzogen. Die heilige Zahl 9 war die Zahl der Unterwelt mit ihren neun Ebenen.

ALS EINFLUSSKARTE: Alle Dinge im Leben sind spiritueller Natur. Daher müssen Sie einen prüfenden Blick auf Ihr Leben werfen, um sicherzustellen, dass es mit der Außenwelt harmoniert.

ALS FIXIERER: Muluc macht nachdrücklich darauf aufmerksam, dass ein Teil Ihres Lebens aufgeräumt werden muss. Die Himmelsrichtung gibt an, wo diese Notwendigkeit besteht, der Fortgang der Lesung gibt weitere Anhaltspunkte. ***Dualität:*** Sich zu sehr um einen Bereich Ihres Lebens zu kümmern und andere zu vernachlässigen, mag auf kurze Sicht funktionieren, kann das Ungleichgewicht langfristig aber noch weiter verstärken. Unabhängig von ihrer Position mahnt Sie die Zahl 9, tief in sich zu gehen und dabei auf unterschwellige Strömungen zu achten. Fördern Sie jene Strömungen, die Ihr persönliches Wachstum begünstigen, und eliminieren Sie die übrigen.

ALS MODIFIKATOR: Durch den benachbarten Fixierer sendet Muluc die eindeutige Botschaft, dass Sie in dem angedeuteten Lebensbereich gründlich Ordnung schaffen müssen, um das Gleichgewicht durch klare Akzente wiederherzustellen.

OC/GLYPHE 10
HUND

ATTRIBUTE Kameradschaft und Treue.

DUALITÄT Bedingungslose Treue kann für die Wahrheit blind machen.

GEGENSATZPAAR
Treue ▪ bedingungslose Treue

MAYA-SYMBOLIK: Hunde wurden häufig zusammen mit ihren Besitzern bestattet und sind auf zahlreichen Grabkeramiken dargestellt, wo sie diese durch die Mühen der Unterwelt geleiten.

ALS EINFLUSSKARTE: Oc wirft in der gesamten Lesung Fragen der Treue auf. Erweisen Sie genug Treue oder zu viel? Zeigen Ihre Mitmenschen Ihnen und Ihren Unternehmungen gegenüber die gewünschte Treue? Die Zahl 10 verleiht allen hervorgehobenen Lebenssituationen ein hohes Maß an Unterstützung.

ALS FIXIERER: Oc beleuchtet die Treue gegenüber einer Person, Organisation oder Glaubensvorstellung. Einige der schwersten Lebensprüfungen haben mit Treue zu tun. ***Dualität:*** Vielleicht müssen Sie Ihre eigene Loyalität gründlich prüfen, oder die Loyalität eines Dritten Ihnen gegenüber bedarf der Neubewertung. Stets gilt: Loyalität und Treue müssen Sie erweisen und können nicht durch einen anderen eingefordert werden. Die Zahl 10 bietet überdurchschnittlich hohe Unterstützung – genug, um einige größere Veränderungen einzuleiten.

ALS MODIFIKATOR: Zusammen mit dem benachbarten Fixierer wirft Oc in dem hervorgehobenen Lebensbereich Fragen nach Treue auf. Die Zahl 10 verleiht dem benachbarten Fixierer viel Kraft. In den angedeuteten Bereichen können Sie mit überdurchschnittlich hoher Unterstützung rechnen.

CHUEN/GLYPHE 11
AFFE

ATTRIBUTE Ausdruck der Sexualität.

DUALITÄT Angemessene Sexualität kann ausschweifend und schädlich werden.

GEGENSATZPAAR
gesunde Sexualität ▪ *Ausschweifung*

MAYA-SYMBOLIK: Chuen war das Symbol der sexuellen Zügellosigkeit.

ALS EINFLUSSKARTE: Sexualität besitzt zahlreiche Facetten. Chuen fällt nur dann in die Einflussposition, wenn es einen konkreten Grund gibt, genauer hinzuschauen. Auch wenn der Grund nicht gleich ins Auge fällt, genau hinsehen sollten Sie schon.

ALS FIXIERER: Unsere Einstellungen und Verhaltensweisen in puncto Sexualität sind ein komplexes Gemisch aus zahlreichen frühen Einflüssen. Mit seinem Erscheinen verweist Chuen auf Fragen der Sexualität. Dabei geht es weniger um sexuelle Identität, vielmehr um Lebensmuster, die sich in unserem Sexualverhalten widerspiegeln. Chuen fordert Sie auf, sich näher mit Ihren sexuellen Gedanken, Ansichten und Praktiken zu beschäftigen. *Dualität:* Sexualprobleme sind nur selten ganz auf sich beschränkt, sondern zeugen von tiefer liegenden Problemen, die es nun herauszufinden gilt. Als Einflusskarte, Fixierer oder Modifikator bietet die Zahl 11 ein hohes Maß an Unterstützung aus der entsprechenden Himmelsrichtung. Vertrauen Sie darauf!

ALS MODIFIKATOR: Chuen fordert Sie auf, einen Blick auf den durch den Fixierer und seine Himmelsrichtung hervorgehobenen Lebensbereich zu werfen. Hier ist etwas verborgen, das mit Ihrer Sexualität zu tun hat und genauer zu prüfen ist.

EB/GLYPHE 12
Schlimmer Regen • Unglück

Attribute Symbolisiert zahlreiche kleine Probleme, die wie Regen herabfallen.

Dualität Eine Zeit der Erprobung und Stärkung von Wille und Ausdauer.

Gegensatzpaar
plagende Sorgen ▪ Auflösung/Wiederauftauchen

Maya-Symbolik: Die Maya unterschieden bis zu fünf Arten des Regens, die sie mit einem unterschiedlichen Maß an Nutzen oder Zerstörung verbanden.

Als Einflusskarte: In den von der weiteren Lesung hervorgehobenen Bereichen regnet es Sorgen. Wenn Sie sich den Problemen sofort zuwenden, werden sie bald überwunden sein – wie ein Regenschauer.

Als Fixierer: Für kurze Zeit haben Sie vielleicht das Gefühl, als würde das Unglück auf Sie herabregnen. In dieser Zeit gilt es, möglichst großen Abstand zu gewinnen, um das gesamte Bild zu überschauen. ***Dualität:*** Problemlösung ist eines der besten Instrumente für persönliches Wachstum. Probleme sind nicht dazu da, um uns zu plagen, sondern um uns etwas zu lehren. Die Zahl 12 steht für eine ausgeprägte, kaum noch zu überbietende unterstützende Energie bei Unternehmungen in der entsprechenden Himmelsrichtung, gleich ob als Einflusskarte, Fixierer oder Modifikator.

Als Modifikator: Durch seinen Fixierer beleuchtet Eb einen Bereich, in dem arge Probleme bestehen. Behalten Sie die Oberhand! Je mehr Sie versuchen, die Probleme zu meiden oder hinauszuschieben, desto höher werden sie sich auftürmen.

BEN/GLYPHE 13
GRÜNER MAIS • UNFERTIG/ SCHLECHT VORBEREITET

ATTRIBUTE Rohe, ungeformte Lebensbausteine.

DUALITÄT Kann je nach dem Willen des Benutzers für Gutes oder Schlechtes verwendet werden.

GEGENSATZPAAR
unerfülltes Potenzial ▪ vertane Chancen

MAYA-SYMBOLIK: Der noch nicht reife Mais (der sein Daseinsziel noch nicht erreicht hat). Die Zahl 13 ist eine besonders heilige Zahl, denn für die Maya bestand die Oberwelt aus 13 Ebenen und ihr heiliger Kalender umfasste 13 Monate mit 20 Tagen.

ALS EINFLUSSKARTE: Ben macht Sie auf ein breites Spektrum von Gelegenheiten aufmerksam, die im Verlauf der Lesung identifiziert werden. Das Ergebnis stellt sich indes nicht automatisch ein. Die Zahl 13 betont die gesamte Lesung. In dieser Zeit wird Ihnen ein ungewöhnlicher Segen zuteil.

ALS FIXIERER: Durch seine Himmelsrichtung verweist Ben auf einen sehr vielversprechenden Aspekt, der in Ihr Leben tritt. Ob und wie Sie darauf reagieren, liegt an Ihnen. ***Dualität:*** Chancen bleiben ungenutzt, wenn man sich nicht um sie kümmert. In jeder Position ist die Zahl 13 mehr als nur ein Indikator für das Maß an Energie. Vielmehr verkörpert sie die Energie selbst und steht für persönliches Wachstum.

ALS MODIFIKATOR: Ben beleuchtet eine besonders gute Gelegenheit, die durch den benachbarten Fixierer Früchte tragen kann. Die Zahl 13 verleiht der Kombination aus Fixierer und Himmelsrichtung einen nachdrücklichen Segen.

IX/GLYPHE 20
JAGUAR

Attribute Das Schatten-Selbst; der Teil von uns, der voll integriert werden muss.

Dualität Nicht integriertes Schatten-Selbst.

Gegensatzpaar
Integration ▪ Unterdrückung/Trennung

Maya-Symbolik: Als nachtaktives Tier wurde der Jaguar mit der Unterwelt assoziiert. Die Zahl 20, auch sie eine wichtige heilige Zahl, steht für mittelfristige Lebenszyklen.

Als Einflusskarte: Lebensbereiche, die stark durch Ihr Schatten-Selbst beeinflusst sind, werden in der weiteren Lesung ans Licht treten. Die Zahl 20 zeugt ganz deutlich von Ihrer Bereitschaft, in mehreren Lebensbereichen, wie sie im weiteren Verlauf der Lesung fokussiert werden, voranzukommen.

Als Fixierer: Das Schatten-Selbst ist jener Teil unseres Lebens, der für uns „tot" ist; daher werden seine Lebensenergien in das Unbewusste fehlgeleitet. Unseren Schatten ans Licht zu bringen, ist eine wichtige Voraussetzung für persönliches und spirituelles Wachstum. Die Zeit ist gekommen, doch anders als Balam fordert Ix eine kurze, klare Antwort. **Dualität:** Was wir verneinen, ist umso schwerer zu bewältigen, je älter wir werden. Die Zahl 20 sagt Ihnen, dass ein mittelfristiger Lebenszyklus abgeschlossen und die Zeit gekommen ist, zur nächsten Phase überzugehen.

Als Modifikator: Der benachbarte Fixierer betont einen zu analysierenden Lebensbereich. In Kombination mit ihm unterstreicht die Zahl 20, dass Sie voranschreiten müssen. Neue Phasen sind stets mühsam, doch mit der 20 können Sie es wagen.

MEN/GLYPHE 260
Adler

ATTRIBUTE Sieht alles scharf und von hoher Warte aus.

DUALITÄT Muss darauf achten, kleine Details nicht zu übersehen.

GEGENSATZPAAR
guter Überblick ▪ Unachtsamkeit für Details

MAYA-SYMBOLIK: Sich über alles erhebend, steht der Adler für die Sonne. Die Zahl 260, eine sehr mächtige heilige Zahl, verweist auf das Ende eines wichtigen Lebenszyklus.

ALS EINFLUSSKARTE: Men sagt Ihnen, dass Sie ein Adlerauge für bestimmte Bereiche benötigen, die sowohl in der Gesamtschau als auch detailliert genug gesehen werden müssen, um zu entscheiden, ob sich alle Aspekte tatsächlich in das Gesamtbild fügen.

ALS FIXIERER: Halt! Treten Sie einen Schritt zurück, und verschaffen Sie sich einen Gesamteindruck! Entspricht Ihr Sein und Tun wirklich Ihren Maßstäben? ***Dualität:*** Erst wenn Sie erkennen können, wo sich ein spezieller Teil Ihres Lebens ins Gesamtbild fügt, ist die Zeit gekommen, aus der Nähe zu prüfen, ob er tatsächlich passt. Nur dann. Unabhängig von ihrer Position fordert die Zahl 260, dass Sie die spirituelle Dimension Ihres Lebens aus der entsprechenden Himmelsrichtung untersuchen. Auch hier bedarf es des Adlerauges.

ALS MODIFIKATOR: Indem Men Ihre Aufmerksamkeit auf die Kombination aus Fixierer und Himmelsrichtung lenkt, fordert er Sie auf, die weiteren wie die engeren Perspektiven zu beachten.

CIB / GLYPHE 5
WACHS • GESCHMEIDIG

ATTRIBUTE Weichheit; sich durch Ereignisse formen lassen.

DUALITÄT Wer übermäßig nachgiebig ist, besitzt keine eigene feste Substanz.

GEGENSATZPAAR
Nachgiebigkeit ▪ *unangemessene Formbarkeit*

MAYA-SYMBOLIK: Wachs war für die Maya eine wichtige Handelsware. In dem feuchten Klima wurde es als Imprägniermittel verwendet und diente zur Herstellung von Gussformen für Edelmetalle. Die Zahl 5 ist ein wichtiger Baustein im Zahlensystem der Maya, was ihre Bedeutung in einer Lesung unterstreicht.

ALS EINFLUSSKARTE: Hier wird Cibs Nachgiebigkeit hervorgehoben. Die weitere Lesung wird Bereiche herausstellen, wo Nachgiebigkeit und die Bereitschaft, sich formen zu lassen, gefragt sind.

ALS FIXIERER: Es gibt Zeiten, wo es wirklich angebracht ist zuzulassen, dass das Leben durch Ereignisse geformt wird.
Dualität: Wenn ein Meister seines Fachs mit Wachs arbeitet, nimmt es keine beliebige Form an. Hier müssen Sie ihr eigener Meister sein. Als Einflusskarte, Fixierer oder Modifikator verweist die Zahl 5 darauf, dass alle hervorgehobenen Bereiche auf einem soliden Fundament ruhen.

ALS MODIFIKATOR: In Kombination mit dem benachbarten Fixierer und der Himmelsrichtung beleuchtet Cib einen Lebensbereich, der von Nachgiebigkeit und Geschmeidigkeit profitieren würde. Doch wie gesagt: Die endgültige Form bestimmen Sie weiterhin selbst.

CABAN/GLYPHE 9
ERDE

ATTRIBUTE Solides Fundament.

DUALITÄT Achten Sie darauf, nicht zu stark verankert zu sein, um nicht unbeweglich zu sein.

GEGENSATZPAAR
zuverlässig ▪ unzuverlässig

MAYA-SYMBOLIK: Die Oberfläche der Erde galt als lebendiges Wesen und somit als heilig. Die heilige Zahl 9 ist die Zahl der Unterwelt mit ihren neun Ebenen.

ALS EINFLUSSKARTE: Sie besitzen ein solides Fundament bei allem, was Sie infolge der weiteren Lesung unternehmen. Dies gilt umso mehr für die hervorgehobenen Bereiche. Doch auch hier fordert Sie die Dualität heraus, den Unterschied zwischen Stabilität und Sturheit zu erkennen.

ALS FIXIERER: Caban kann zweierlei bedeuten: Entweder sind Sie in der entsprechenden Himmelsrichtung gut verankert und besitzen damit ein gutes Fundament für Ihr weiteres Tun. Oder, in ihrer **Dualität**: Sie sind unbedingt auf ein Fundament angewiesen. Als Einflusskarte, Fixierer oder Modifikator sagt Ihnen die Zahl 9, dass es an der Zeit ist, tief in sich zu gehen und dabei besonders auf unterschwellige Strömungen zu achten.

ALS MODIFIKATOR: Zusammen mit dem benachbarten Fixierer und der Himmelsrichtung fragt Caban nach dem Fundament in einem besonderen Teil Ihres Lebens. Sind Sie gut oder nicht ausreichend verankert, oder sind Sie in einer Sache vielleicht zu hartnäckig und unbeweglich? Es ist an der Zeit, das herauszufinden.

EDZNAB/GLYPHE 13
FEUERSTEIN

ATTRIBUTE Durchschneidet Hindernisse; das physische Werkzeug des Opferns.

DUALITÄT Vorsicht ist geboten, nur das nicht weiter Nützliche abzuschneiden.

GEGENSATZPAAR
Abschneiden ▪ nutzloses Opfer

MAYA-SYMBOLIK: Opferklingen stellte man aus Feuerstein her, der ebenso wie der Obsidian praktisch überall dort benutzt wurde, wo wir heute Messer, Rasierklinge, Sense, Säge oder Skalpell verwenden würden. Die Zahl 13 ist besonders heilig, denn die Oberwelt der Maya bestand aus 13 Ebenen und ihr heiliger Kalender aus 13 Monaten à 20 Tagen.

ALS EINFLUSSKARTE: Sie müssen eine Menge abschneiden, denn Sie halten an vielem in Ihrem Leben fest, das Ihnen nicht mehr dienlich ist. Als Einflusskarte lässt die Zahl 13 die gesamte Lesung in einem besonderen Licht erscheinen.

ALS FIXIERER: Sie tragen überflüssige Lasten mit sich herum. Nun gilt es, mit einem sauberen Schnitt etwas aus Ihrem Leben zu entfernen – nicht langsam freisetzen, nicht einfach loslassen, sondern radikal abschneiden. *Dualität:* Etwas Abgeschnittenes ist für immer fort. Also Vorsicht! Die Zahl 13 als Fixierer ist mehr als ein Indikator für die Stärke der Energie, sie ist die Energie selbst.

ALS MODIFIKATOR: Der benachbarte Fixierer und die Himmelsrichtung betonen die Notwendigkeit, unnötige physische oder emotionale Lasten abzuschneiden. Als Modifikator verleiht die Zahl 13 der Kombination aus Fixierer und Himmelsrichtung einen nachdrücklichen Segen.

CAUAC/GLYPHE 20
STURM

ATTRIBUTE Rührt auf und führt einen Wandel herbei.

DUALITÄT Kann auch zerstören.

GEGENSATZPAAR
Anregen ▪ Stören

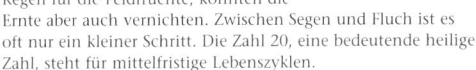

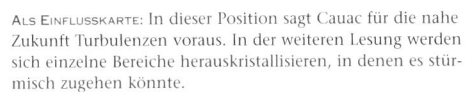

MAYA-SYMBOLIK: Stürme brachten den Regen für die Feldfrüchte, konnten die Ernte aber auch vernichten. Zwischen Segen und Fluch ist es oft nur ein kleiner Schritt. Die Zahl 20, eine bedeutende heilige Zahl, steht für mittelfristige Lebenszyklen.

ALS EINFLUSSKARTE: In dieser Position sagt Cauac für die nahe Zukunft Turbulenzen voraus. In der weiteren Lesung werden sich einzelne Bereiche herauskristallisieren, in denen es stürmisch zugehen könnte.

ALS FIXIERER: Cauac verkündet jene kleineren Stürme, die nahezu täglich durch unser Leben ziehen (im Gegensatz zu Huracán mit seinen massiven Umwälzungen). Niemand ist vor ihnen sicher und wird es je sein. *Dualität:* Was wir aus diesen Stürmen machen, liegt weitgehend an uns. Entweder wir wachsen an ihnen, oder wir werden fortgeweht. Unabhängig von ihrer Position sagt Ihnen die Zahl 20, dass ein mittelfristiger Lebenszyklus abgeschlossen ist und es an der Zeit ist, in die nächste Phase einzutreten. Oft fordert uns das Leben zum Weitergehen auf, indem es dort, wo wir nicht länger sein sollen, einen Sturm aufkommen lässt.

ALS MODIFIKATOR: Aus der Himmelsrichtung, in der Cauac erscheint, wird ein Bereich angedeutet, in dem Unruhe entstehen kann. Der benachbarte Fixierer bringt näheren Aufschluss.

AHAU/GLYPHE 260
KÖNIG • SONNE

ATTRIBUTE Selbstbeherrschung, Macht.

DUALITÄT Unreflektierter Machtgebrauch.

GEGENSATZPAAR
Meistern ▪ Beherrschen

MAYA-SYMBOLIK: Der oberste Herrscher war ursprünglich zugleich Hüter der Weisheit, weshalb die höchsten Attribute der Maya-Kultur in das Königtum einflossen. Die Zahl 260 galt den Maya als überaus mächtig, da sie den vollendeten heiligen Zyklus repräsentiert.

ALS EINFLUSSKARTE: In dieser Position macht Ahau auf die in der weiteren Lesung hervortretenden Lebensbereiche aufmerksam und darauf, dass Sie dort Ihre Meisterschaft beweisen müssen.

ALS FIXIERER: Selbstmeisterung (Selbstbeherrschung) ist die am schwierigsten zu vollendende menschliche Eigenschaft, weshalb man die Versiertesten als „Meister" bezeichnet. Ahau macht auf einen Lebensbereich aufmerksam, der der Meisterung bedarf – nicht unbedingt eine Situation, eher der hierdurch angedeutete Teil Ihrer selbst. ***Dualität:*** Wer eine Situation nur scheinbar beherrscht, meistert sie nicht. Die Zahl 260 deutet auf das Ende eines wichtigen Lebenszyklus und den Beginn des nächsten. In jeder Position sagt sie zu Ihnen: „Suche in den hervorgehobenen Lebensbereichen sorgfältig nach dem, was du nun ohne Sorge in die Vergangenheit verweisen kannst, um diesen Lebenszyklus abzuschließen."

ALS MODIFIKATOR: Der benachbarte Fixierer und die Himmelsrichtung beleuchten einen speziellen Lebensbereich, der ein hohes Maß an Selbstbeherrschung fordert.

DER AUTOR

Dr. Ronald Louis Bonewitz war als Geologe auf dem Gebiet Erschließung und Abbau von Erdöl, Uran, Gold und Edelsteinen tätig. Der ausgezeichnete Vietnam-Veteran war Testpilot für Helikopter und Pilot auf Pendlerstrecken. Er besitzt die Priesterweihe und ist Doktor der Verhaltensforschung. Heute praktiziert er als Psychologe und kann weltweit auf Hunderte von Kursen und Vorträgen über Persönlichkeitsentwicklung zurückblicken. Er ist Autor diverser Schriften über Naturphilosophie und Persönlichkeitsentwicklung sowie einiger Bücher über alte Kulturen.

Da er sich seit jeher für die Archäologie Mexikos und Mittelamerikas interessierte, war Bonewitz bei Ausgrabungen im Westen der USA als Berater tätig. Auf seinen weiten Reisen durch Yucatán schloss er Freundschaften mit den Maya, die ihn zu Ruinen führten, die den Archäologen damals noch unbekannt waren.

WEITERE BÜCHER VON RONALD L. BONEWITZ

- *The Story of the Findhorn Crystals* (1979, 1999)
- *Cosmic Crystals* (1983)
- *The Cosmic Crystal Spiral* (1986)
- *The Pulse of Life* (1987)
- *The Crystal Heart* (1989)
- *The Timeless Wisdom of the Egyptians* (1998)
- *The Maya Prophecies* (1999)
- *Pyramids* (1999)
- *New Cosmic Crystals* (2000)
- *Practical Colour Healing* (Hrsg.) von Lilian Verner-Bonds (2000)
- *Principles of Crystal Healing* (2000)
- *Teach Yourself Hieroglyphics* (2000)
- *Egyptian Power Stamps* (2003)

auf Deutsch ist erschienen:
- *Steine und Mineralien* (2005)

DER ILLUSTRATOR

Achim Frederic Kiel lebt als Maler und Bildhauer in Braunschweig. Nach dreijähriger Mitarbeit bei archäologischen Grabungen begann er als Illustrator von inzwischen mehr als 100 Büchern: von wissenschaftlicher Literatur bis zu Romanen, darunter einige internationale Bestseller. In seinen Druckgrafiken konzentriert er sich auf das Thema Architektur. Zu seinen Auftragsarbeiten im Bereich „Kunst am Bau" zählt eine Skulptur (Gewicht: 250 t) für VW. Kiel ist Träger von 70 internationalen Auszeichnungen. Seine Werke wurden in Europa, Amerika und Asien vielfach ausgestellt und rezensiert.

Hinweis des Künstlers Die Bilderwelt der Maya – Malereien wie Skulpturen – wurde intensiv erforscht, um ein möglichst originalgetreues Ensemble von Reliefs zu schaffen. Bitte beachten Sie jedoch, dass im Interesse eines stimmigen, für die Weissagung handhabbaren Decks auf die Bilder aus dem Codex Dresdensis zurückgegriffen wurde. Überdies wurden einige Bilder leicht abgeändert, um sie dem heutigen Betrachter besser zugänglich zu machen.